写给懒女孩的美丽心经

吕 杨◎编著

企业管理出版社
ENTERPRISE MANAGEMENT PUBLISHING HOUSE

图书在版编目（CIP）数据

写给懒女孩的美丽心经/吕杨编著．—北京：企业管理出版社，2011.12

ISBN 978-7-80255-952-3

Ⅰ．①写…　Ⅱ．①吕…　Ⅲ．①女性-生活-知识　Ⅳ．①Z228.4

中国版本图书馆 CIP 数据核字（2011）第 244726 号

书　　名：写给懒女孩的美丽心经
作　　者：吕　杨
选题策划：杨亚琼
责任编辑：曹爱云
封面设计：邵士雷
书　　号：ISBN 978-7-80255-952-3
出版发行：企业管理出版社
地　　址：北京市海淀区紫竹院南路 17 号　邮编：100048
网　　址：http://www.emph.cn
电　　话：总编室（010）68420309　发行部（010）68701638
编辑部（010）68701661
电子信箱：emph003@sina.cn
印　　刷：三河市南阳印刷有限公司
经　　销：新华书店
规　　格：170 毫米×240 毫米　16 开本　12.5 印张　198 千字
版　　次：2012 年 2 月第 1 版　2012 年 2 月第 1 次印刷
定　　价：28.00 元

目录

Part 1　懒女孩也一样健康美丽 / 1

过分的热情是一种善意的伤害 / 2

懒女孩的优势 / 3

懒人保养哲学 / 4

Part 2　早起 5 分钟，就可以自信满满上班去 / 7

化妆品全家福，“懒女”必修课 / 8

10 分钟内搞定上班完美妆容 / 13

考考你的色彩感 / 17

应急补妆小方法 / 20

因地制宜的形象设计 / 23

不可不知的卸妆定律 / 27

懒人懒办法，受用一辈子 / 29

如何打造一个“卧室美容院” / 34

Part 3　假如你“懒”于生病，就从这里开始 / 39

别让情绪“绑架”了你 / 40

你患上“亚健康”了吗？/ 43
善待大脑，让你美丽到老 / 47
“防毒”比“排毒”好 / 50
如何看待“老友驾到症”/ 53
卵巢保养，女人知多少 / 55
早睡早起最能使美丽的脸鲜艳 / 58
乳房健康不可忽视 / 60
关节健康轻视不得 / 64
警惕身体小信号，疾病早知道 / 66
五大作风会让你身体“亮红灯”/ 71

Part 4　皮肤代谢，还是懒一点儿的好 / 75

瞬间认识你的肤质 / 76
皮肤“懒惰”也有益 / 78
20 岁，日常护肤 5 部曲 / 82
痘痘意味着青春吗？/ 84
人体衰老竟与吸氧有关 / 87
学会拯救各类问题的毛孔 / 89
皮肤杂症知多少 / 90
了解皮肤生物钟 / 92
如何知晓肌肤年龄 / 96
懒惰护肤妙招 / 100

Part 5　“动”使女孩精神焕发 / 105

如何征服使身材走样的罪魁祸首 / 106
整形，还是塑形 / 109

把握好四大黄金美体时间 / 113
步行——最安全的大众运动 / 115
游泳——减肥又一妙招 / 118
让衰老迟到的又一法宝——瑜伽 / 121
普拉提——让你告别小“腹”婆 / 122
办公室自助美体课 / 125
随时都可以来健身 / 128
懒 MM 最易陷入的美体误区 / 130

Part 6 青丝霓裳为你打造全方位美丽 / 133

让你的青丝轻舞飞扬 / 134
明眸皓齿、唇红齿白才是真美! / 140
美甲技巧知多少 / 143
做好足底浴疗，美丽遍及全身 / 146
打造完美腿型为你添彩 / 149
你也可以拥有纤美腰部 / 152
塑造美臀，从日常做起 / 153
情迷高跟鞋 / 157
告别汗毛的困扰 / 160

Part 7 再懒也要看一看的 8 句美丽建议 / 165

女人要学会善待自己 / 166
青春一去无影踪 / 166
学会欣赏自己 / 167
美丽诚可贵，健康价更高 / 167
你的心态价值连城 / 169

"爱"与"吃"一样，7 成饱足矣 / 170
别因"性"而失去更多 / 171

Part 8　在吃的世界中，懒和馋可以是美德 / 173

懒女孩的营养早餐 / 174
最适合爱美馋嘴懒 MM 的工作便当 / 177
诱惑零食爱你不容易 / 180
垃圾食品怎样吃 / 182
吃得多又不胖的绝密法宝 / 184
蔬果密码知多少 / 186
让女人美丽的又一妙招 / 190

Part 1
懒女孩也一样健康美丽

长久以来，人们都把“勤”作为女人健康美丽的必要条件。但在生活节奏加快且紧张的现代社会，早锻炼晚面膜的“勤快女”早已凤毛麟角，取而代之的是一群主张用更加聪明、实用的方法获得健康美丽的“懒女孩”。如今，懒女孩们终于站起来了，她们光明正大地发表自己的宣言：懒女孩也一样健康美丽！

过分的热情是一种善意的伤害

大家都看过金庸的武侠小说吧？里面有很多武痴毕其一生来苦练某种绝世武功，可是，几十载闭关修炼，却练得走火入魔，成了一个蓬头垢面、疯疯癫癫的傻子！如《射雕英雄传》中的“西毒”欧阳锋。生活中，如果你不注意的话，你也可能会在某处用过了功，最终却导致“走火入魔”哦！

“世上只有懒女人，没有丑女人”。曾经一句革新色彩极浓的口号瞬时传遍大江南北，并被众多女性奉为美容的金科玉律。于是，天下女人每天像只不辞辛苦的小蜜蜂一样忙碌地穿梭于各种美容美体店，奔波于各大护肤、化妆店，淹没在一大堆的面膜、眼膜、鼻膜、唇膜中，将自己弄得疲惫不堪之后却发现，美容效果不但不见佳，反而更加芳颜憔悴。不是说“种瓜得瓜，种豆得豆”么，怎么一番九牛二虎之力下来，反而是费力不讨好呢？这是因为很多 MM 掉入了“勤奋”的小误区——勤奋过度或者说没有对症下药。

有一位礼仪专家曾经说过：“过分的热情是一种善意的伤害。”打个比方，花草树木当然需要经常施施肥、松松土、剪剪枝，但是如果你天天举着喷壶不分昼夜地洒水，抡着花锄时时刻刻地刨啊刨，拿着大剪刀不分青红皂白一通好剪，那些可怜的花草能茁壮成长么？美容健体也是一样。看到别人化了妆之后，都从暴丑女孩林无敌摇身变成了人见人爱的嫦娥仙子，于是天刚拂晓你也端坐在化妆台前开始用心描眉画黛、涂脂擦粉，结果脸上变成了“调色板”，化出来的妆却很雷人，要命的是脸上还开始过敏，又痒又痛，简直是欲哭无泪。蓦然一瞥发现镜子里的自己竟然长出了一些斑点和细纹，腰上也多了一个天然“救生圈”。你立马阵脚大乱，跑到护肤品店挑了一大堆有名无名的产品，一股脑全往脸上抹，一层又一层，结果弄得自己像个粉刷匠，方寸小脸成了各类护肤品的“试验田”，可斑却还是很嚣张地原地不动，细纹还是很固执地当着“钉子户”。再钻进健身房，一去就豪情万丈挑战一些难度大、强度高的动作，结果钱没少花，汗没少流，苦没少受，甚至差点弄得抽筋晕倒，但却收效甚微。那么，怎样才能“花小钱，使巧劲，办大事”，不让宝贵的精力和银子付诸东流呢？有一个秘诀偷偷透露给你，那就是牢牢记住："懒人自有懒人福"，该偷懒时绝不含糊。

懒女孩的优势

长期以来，中国女人一直把勤奋当做是一种传统美德。那这里的"懒"究竟指什么呢？是脖子上套了个饼还饿死了的懒婆娘的"懒"么？No，no，no！大家千万要明白：这里倡导的"懒"和什么都不做的"懒"可是有天壤之别的。在当今社会，"懒"已经不是传统意义上的"好逸恶劳"的贬义词，而被赋予了更多褒义与全新的内容。

首先，懒是一种态度，就是要拒绝杞人忧天、无事生非。它把我们从那些纷繁杂乱的琐事中解放出来，让我们有更多的时间来钻研一些有意义的事情。

其次，懒是一种智慧，就是要抵制原地打圈、停滞不前。它让我们的生活充满创新，变得更加方便、快捷，在为社会创造财富的同时，也为我们自身带来更多惊喜。

再者，懒是一种情趣。"坐看窗下花开花谢，闲看庭前云展云舒"，是件多么舒心美妙的事情啊！它让我们撇去每天朝九晚五的单调，有机会呼吸更多的自由氧气。

懒是一种境界。它让我们本着简洁的理念、率真的态度，从容面对生活，探究删繁就简、去芜存菁的生活与工作技巧。准确地说，社会的进步在很大程度上是由于人性中懒惰的一面而造成的。为了走路方便，人们研究发明了汽车、飞机等交通工具；为了做饭方便，人类发明了电饭煲、天然气灶……仔细想一想，太多的发明创造都是因为懒人而横空出世的。

从某种意义上来说，懒是社会前进的动力。懒人可谓无处不在，无时不在，不信你可以扪心自问：你吃过方便面吗？你用过全自动洗衣机吗？你坐过电梯么？……如果是，那么你也是现代懒人中货真价实的一个！

在这个懒人主义大行其道的时代里，我们完全可以边懒边美丽，又何乐而不为呢？

如果你不想去摆弄那些瓶瓶罐罐使你的肌肤散发诱人光彩，那么你可以先观察一下与你有血缘关系的年长女性亲戚，如果她们人到中年还风采依旧的话，那恭喜你，你们家族天生丽质，属于被上帝宠爱的那一族，你大可以悠哉悠哉地看着别人像神农氏一样的尝试百种护肤品，每天像个化学家一样摇晃那些护肤试剂瓶。但如果你家族中的中年妇女一上年纪就有人老珠黄迹象的话，那建议你还是聪明一点，选择一种有取舍的“懒法”吧。作为一个懒女孩，你的优势就是清楚地知道什么地方该懒，什么地方不该懒，即使你拥有懒的资本，也得节约点儿不要过于浪费它。

懒人保养哲学

会偷懒的 MM 其实都是一些聪明人，有些 MM 不仅能找到懒的诀窍，而且还将之系统化、细则化，上升为一种造福四海苍生的理论。影星徐若瑄被称为“不老小妖精”，三十多岁的她看起来就像是豆蔻年华的小姑娘，她有一套非常有名的“懒人保养哲学”，至于具体保养秘方就分散在书中的各个章节，大家也可以将这次阅读当做是一次寻宝活动，看你能在这个宝藏中挖到多少值钱的宝贝，有些宝贝可能会让你受益一生哦。

其实，美容护肤重在形成一种良好的习惯，如果将一些行为内化为自己日常生活中的一部分，那么一切就自然而成了。什么是护肤美体的好习惯，好习惯又是怎样形成的，等等，这些在书中都会有相应的解答。

前面已经提到过，懒并不是不作为，而是花最少的精力、物力获得最好的效果。各位 MM 既然都在摩拳擦掌，跃跃欲试成为一名时尚达人、美容高手，那么，为了美丽，你至少得付出以下几样：

首先，找到行动指南，了解正确的做法并用来指导实践。武林高手都是靠着一本秘籍而横空出世的，各个党派要想赢得竞选都得有思想指导，即使是买个新产品也得看看使用说明。所以，你得有点铁成金的秘笈，让你少走弯路和回头路。这一点，你已经具备了，因为你手头捧着的就是一本绝世秘笈。注意，低调，别让居心叵测之人知道，以免引起江湖纷争。

其次，要有一颗诚挚的心。不要求你像朝圣者般虔诚，但至少别是看客心理。你得真心对自己好一点，让自己由内至外美起来。三天打鱼两天晒网者，吊儿郎当者，纯属凑热闹者，就不能算是心诚者。懒是指在该休息的时候休息，并不是让你躺着不动等天上掉美丽。

再者，时间。女人需要用一生的时间来呵护自己的美丽。

最后，当然也要有一点金钱。美丽健康可不是乌托邦，是需要物质基础来支撑的，请个菩萨也得敬炷香才行，更何况是千金难求的美丽容颜呢？但请记住，美丽不是光靠金钱就可以堆出来的，买护肤品应该只买对的，不买贵的。

Part 2
早起 5 分钟，就可以自信满满上班去

“糟糕……睡过头了！”终于听到闹钟铃声时，你才意识到它已经响了快一个小时了。每天早上很多 MM 都要考虑是选择睡眠，还是选择化妆？早上能多睡一会儿是每个 MM 都期望的，但起晚了又不够时间化妆。究竟要怎样做才能在短时间内消除宿醉的倦态，而又能精神焕发地赶快去上班呢？

化妆品全家福，“懒女”必修课

闺密们在一起聊天的时候，经常会说到小时候偷偷涂妈妈口红的事，涂完后会对着镜子龇牙咧嘴地傻笑，一听到“吱”的开门声，就吓得赶紧用袖子胡乱擦口红，然后躲在化妆台下面，直到被妈妈揪出，脸上的口红花得一塌糊涂，像只狼狈的小花猫一样。现在，当年的小女孩都长大了，终于可以名正言顺地化妆了。可是，面对浩如烟海的彩妆产品，你又傻眼了。也是，天天看到各大媒体上报道各大制造产业在蓬勃发展，不是么，光看市面上的彩妆产品就能窥斑见豹了。各种彩妆推陈出新的频率越来越快，即使是一名彩妆达人，有时都会大呼跟不上时代步伐。“女人我最大”栏目里那些久经沙场的主持人，面对嘉宾掏出的一系列最新产品时，她们每次都感叹又被潮流甩在了沙滩上。如果你还是一位彩妆入门级选手的话，可以很负责任的告诉你，这绝不是恐吓：光选择合适的产品就够你修炼一年半载了，甚至就更久。不过，作为懒美人俱乐部成员的你，又正在用心看此书的话，就可以放宽心，下面奉上的是为彩妆新人搜罗的各路美妆产品和详细的上妆技巧，这也是各路达人呕心沥血之作，相信边嗑瓜子边按图索骥的你看完之后也一定会把化妆这个难题轻松破解。

基础粉底，何去何从？

化妆品中最基础的当然是粉底，不过几乎所有的 MM 都烦恼过什么样的粉底才适合自己？最好的方法是问店员吗？天啦，小白兔都有可能会掉进笑眯眯的狼窝里哦。价格贵的东西就好吗？好像不太对，即使是年轻的白领阶级也没那么多资金。当然，即使被人宰得鲜血直流，粉底还是要买的。那么，到底什么样的粉底最适合自己呢？适合自己肌肤的才是最对的。大家应该根据自己的肤质和喜欢表现的感觉来选择粉底，知道自己是什么样的肤质，选择粉底就轻松多了。

常看到广告里的化妆师讲述粉底的颜色，有象牙白、瓷白之类的，那用什么颜色才可以修饰好自己的肌肤呢？是不是越白越好看？NO，如果你不是出演美国吸血鬼或者是日本歌舞伎的话，最好不要用吓坏人的白，很可怕的。不想选错，就请参考一下下表吧。对照自己的肤色来选择适合的粉底颜色。

肌肤的颜色	控制粉底颜色	效果	再叠加的粉
比较红的肌肤 1	绿	去除红光	自然系
比较红的肌肤 2	黄	增加黄光	土黄系
黄色肌肤	紫	加红光去黄光	粉红系自然系
血色差的肌肤 1	桔黄	加桔黄	自然系
血色差的肌肤 2	粉红	加粉红	粉红系
黄色并且血色差的肌肤	蓝	去除黄光	自然系
容易发烧的肌肤	灰色	加灰	自然系土黄系

终于选到适合自己的粉底啦？恭喜恭喜，涂粉底也是一件技术活，手法的好坏直接影响效果。有些 MM 涂了对的、顶尖的粉底，可是情况还是很糟糕，那就得检查她的涂抹手法了。

重塑脸型的腮红

有些 MM 的脸颊左右两侧打腮红的位置不一致，看起来非常别扭。为了让自己可以均匀的打好腮红，可以先对着镜子嫣然一笑，鼓起来的腮帮部分就是我们要打腮红的部位。打腮红可以使自己看起来气色好，使之“面若桃花”。腮红可选用粉红色系或桔色系的颜色。

步骤一：先用刷子沾满腮红粉，多出来的粉可以用手指甲刮到刷子上去。

步骤二：从脸的外侧开始，抖动刷子涂上腮红。此时，请注意不要涂到小鼻和耳垂部分连接线的下面去。如果涂到太下面了，看上去会显得很不自然。万一腮红涂多了，也勿需担心，用粉扑轻轻拍掉就可以啦。

腮红有两种，一种是红色系，一种是阴影粉。红色系可以使脸充满血色，阴影粉可以造影，使脸部看起来更有立体感，这样就可以对脸部做效果了。

你想给自己做出什么样的脸型呢？是让自己的脸看起来小一点么？好说，先打入阴影粉（通常比用的粉底要暗一个层次），巴掌小脸轻松塑成。然后在脸颊的正中涂上明亮的腮红，这样人看起来既精神又可爱了。脸大一些的MM千万不能用粉红色系的腮红哦，那样看起来脸会更大的。最后，细心的MM应该记得，化妆师每次为模特上腮红时，都会将已蘸取好腮红的粉刷轻弹，为的就是弹去多余的粉末。

睫毛弯弯，可爱升级

夹睫毛首先得选择一个质量比较好的睫毛夹，一般舒适的睫毛夹上有一层橡胶，这样夹起来就不会疼或者夹断睫毛。使用的时候，眼睛不要太紧张，将睫毛夹轻轻的往上推，再停顿两三秒钟，就大功告成了。

有些MM可能很郁闷："我的睫毛本来就很短又稀，再怎么夹卷夹翘，它也不会增长啊"。那你就可以选择贴假睫毛，尤其在拍艺术照时，基本上都会用到假睫毛。一般的化妆品店里都有很多类型的假睫毛，有兴趣的MM可以买些自然型的假睫毛试试。也许你会说，化妆包一大堆假睫毛，怎样才能贴好假睫毛，又让人看不出来呢？

OK，先备好必备物品：

1．假睫毛；

2．胶水；

3．剪刀。

Let’s go！

记住，装假睫毛必须从眼的中间开始贴！首先，把假睫毛剪短，比自己的眼睛宽短8毫米左右。将镜子放在桌子上倾斜45度斜着朝下（脸朝前方），在假睫毛上涂好胶水。确认好眼头开始3毫米和眼尾过来5毫米空开的位置。然后从眼睛的中间开始贴，光是眼头，后是眼尾。假睫毛刚贴上的时候很容易脱落，所以要用手指轻轻按住，这段时间最好少眨眼，否则胶水很容易粘到下眼皮，眼睛就睁不开啦。估计差不多粘牢后再从下整体轻抚假睫毛。这样就算贴好了。以下是分解动作：

1．从中间开始贴，而不是从某一侧开始哦！

2．贴的位置，最好精细化，和自己的眼睛大小保持合适的长短。

3．按牢（食指，中指，无名指），三指齐下力量大。

贴上了假睫毛，再刷上睫毛膏，就更是锦上添花了。不过新手使用睫毛膏首先要看是否容易涂抹。有些欧美的大牌睫毛膏刷子像个小笤帚，看起来就有压力感，那是因为这些牌子的睫毛膏是为欧美女士设计的，她们的眼部轮廓比东方人明显。为了拓开亚洲市场，现在很多品牌也都推出了适合东方女士的小刷头，对新手而言更方便操作；其次，睫毛膏的清洁难易程度，“菜鸟”们也都很关注。用卸妆液才能清洁的睫毛膏一般令新手望而生畏，一点温水就能轻松卸除且不易晕染的睫毛膏绝对是上上选。

教你画简单眼线

你有没有觉得眼线很难描，常常是还没画上几笔，就已经是泪眼婆娑啦？别急，有点化妆常识的MM都有咖啡色或灰色的眼影吧。用细长的笔沾点水将备用的眼影化为液体状，在水中溶化的眼影可以作为液体眼线笔来使用。这个方法，适合任何一种眼睛。特别是很难画眼线的单眼皮者值得一试。

自己画眼线难于上青天？非也，非也，只要掌握了技巧就可以手到擒来，让我们来试试看吧。照例先把镜子斜放在自己的前方，脸朝前，眼睛斜看镜子，这样我们可以比较清楚的看到画眼线的地方。睫毛生长的地方之间就是我们描眼线的部位，简单说来，也就是用笔将睫毛与睫毛的空白处填上颜色。然后遵循下面的步骤慢慢来画：

1. 打开眼线笔并在面巾纸上抹掉多出来的量；
2. 拿笔的食指和无名指贴住脸颊，手才不会抖；另一手将眼尾的眼皮往上撑开，下巴抬高向下“瞄准”镜子；
3. 画出眼尾的1/3的眼线，可来回画，稍微画粗一点儿；
4. 从眼尾往外一直画到眼皮结尾处，眼线向上扬；
5. 笔尖与睫毛垂直，贴着睫毛，把眼中到眼头这一段连起来；
6. 检查一下有无勾画中留下的空隙，把空隙再涂满，眼线才够完整。

一般眼线有眼线笔和液体眼线两个大类，由于眼线笔比较有油分，单眼皮和内双眼皮者使用起来要特别小心，不要一下子下手太重，否则描得太黑会很难看的。

百变眼影为你造型

首先使用白色系眼影作为底色打底，然后再在上面涂上自己喜欢的颜色。为什么要以白色为底呢？因为打上白色或亮色眼影可以使后面使用的颜色容易发色，看上去比较漂亮。

想营造自然的感觉？那就使用一种颜色比较好。单眼皮的人使用明亮的颜色容易让人看起来眼睛比较肿，为了避免金鱼眼，建议使用咖啡色等暗色色系哦。

想要塑造清纯MM的感觉？很容易，在眼框部位有层次的涂抹，使用蓝色系或咖啡色系。

希望出现温柔的感觉就在中间涂最深的颜色，两边逐渐淡开。OK，含情脉脉的感觉立刻挥洒无遗。

变身大美女从画眉开始

画眉是最容易让小MM变身大美女的，柳叶眉、挑眉、一字眉，给人的感觉是完全不一样的。要画好眉毛，首先必须了解好眉毛的位置。

一般来说，眉毛可以分为三个部分：

1. 眉头——小鼻的延长线上；
2. 眉山——黑瞳的外侧和眼尾的延长线上；
3. 眉尾——小鼻和眼尾的延长线上。

眉毛画得太浓容易给人很man的感觉，所以眉毛层次感觉不能太凌厉，除非要拍酷酷的艺术照。画的时候，眉山部分可以浓一点，眉头和眉尾淡一点，再用眉笔仔细地一根一根画，精雕细琢。如果你想偷懒，也可以使用眉粉，在修好的眉形上刷上眉粉，颜色浅重把握好就可以了。

唇部上妆有妙招

现在市面上的唇膏鲜艳无比，有几十种色泽，一般是大红、桃红、玫瑰红、山茶红、唇红和珠光红等，而随着流行发展，热辣的粉色、血色橙彩、黑莓、灰色等也是赚足了人们的眼球。看到这么多颜色你是不是无所适从？其实无论涂哪种唇膏都要和人的年龄、脸色、服饰、性格以及所处的场合相协调。要是你年纪大些，最好用深色，表示稳重；年轻女子就可以用浅色的，以显示活泼；化淡妆时可选用淡色的，化浓妆时应选用鲜艳的；外出参加宴会时应选用鲜红色的；穿西服应选用深色的，这样较庄重；穿花裙子、旗袍时可涂浅色的，这样显得有气派。此外，如果你想在夜晚的时候出去玩，那么不妨试试重色的唇膏，比如红色或者红葡萄酒的颜色。这些色调中包含着柔和的夜晚的光芒，这样你就会显得更加性感迷人了。

唇部上妆相对比较简单，主要使用唇膏和唇笔，对应自己的唇形有外曲线、直线和内曲线等画法。

☆外曲线型☆

使用这个形状，会使唇部看起来厚厚的，既有点丰满又有点小性感。

☆直线型☆

看上去比较知性，职业女性在上班的时候可以化这种类型。

☆内曲线型☆

看起来嘴角往上翘，像是微微笑的样子。这个很有吸引力，据有关调查表明，嘴角往上翘的女孩更容易吸引男性的注意。

10分钟内搞定上班完美妆容

"叮铃铃——"催命的闹钟准时响起，极不情愿地翻了一下身，赖了几分钟后好不容易从被窝中挣扎着爬了起来。天啊，快迟到了！又是一番手忙脚乱，眼看化个淡妆的时间也没了。不急，懒人自有懒法子，按部就班一步步来，只需10分钟就可以化出一个完美的妆容，保证可以让你上班既不会迟到，又可以漂漂亮亮地出门！

Step—1：选择易推匀的粉底液。

很多人因为怕底妆不均匀而不断修饰，这样反而显得厚重且费时。尽量选择质地好的、易推开的遮瑕膏和粉饼，其中用潮湿的海绵上粉饼是关键的步骤，可以达到粉底液贴妆的效果。相比粉饼，粉底液只要用量不要太多，会比较容易涂得均匀薄透。

1. 将粉底液分散点在面部五区，每区约绿豆大小量。

2. 用双手三四指指腹快速交替拍打的手法先将粉底液在五个区域散布开。记住，是快速拍打，而不是大面积刷墙哦。

3. 再用手指指腹像涂乳液一样推匀。

Step—2：眉毛 + 睫毛 = 简便眼妆。

画好眉形再刷睫毛膏。

前提当然是你的眉形已经修好了，这个工作可以在晚上睡觉之前完成，还可以避免修眉时带来的皮肤发红。画好眉形再刷上睫毛膏，就可以神采奕奕出门了！注意：眉粉或眉笔宜选深棕色的，比较自然；刷头不太大、效果不太夸张的黑或棕色睫毛膏都很适合新手入门。

1. 眉画法 1：先用眉笔画出基本线条，再用斜角或螺旋形眉刷沿眉向扫开。

2. 眉画法 2：棕色眉粉 + 斜角眉刷效果自然，适合天生较完整的眉形。眼影粉质地比眉粉更细，也是不错的选择。

3. 必修课：学用睫毛夹夹翘睫毛，增强立体感。（若嫌麻烦，也可以直接将睫毛烫弯）。

提示：含纤维或刷头较大的睫毛膏对新手来说不易掌握，可选刷头适中的普通黑色睫毛膏，沿睫毛方向刷出即可 。

Step—3：唇彩 = 快速 + 点睛。

用指腹将唇彩轻轻拍开。

平时的通勤妆选择浅粉色或浅桔色系的唇彩，既自然又能为脸庞增添好气色，而且快速简便。珠光效果太强烈或颜色太鲜艳的唇彩则不适合通勤妆。这个过程最好是在用完早餐后，否则，食物会带走美丽的唇彩。

1. 用唇彩刷棒将唇彩涂在上下唇中部。

2. 用指腹轻轻拍开，效果会很薄透自然。

3. 上下唇轻轻抿一下即可，不要用力或磨蹭。

专家建议选购颜色安全的多功能化妆品，例如可以画眼妆和腮红的粉红色眼影，或是同时可当腮红的浅色口红，都是一举多得值得投资的宝贝。

Step—4：底妆“减半”。

隔离霜－粉底液－粉饼/蜜粉，这样的底妆步骤在赶时间的情况下有点繁琐，让我们看看有几种“两步并作一步”的方案。

1. 湿用干湿两用粉饼：注意湿粉扑每次沾粉不要太多，否则底妆易厚重。

2. 调色隔离霜（底乳）＋粉底液：喜欢用绿色、紫色等饰底乳或修颜液调节肤色、为粉底液打底的人，不妨将其与粉底液在虎口处混合，既省时又能避免底妆厚重，而且节省化妆品。

3. “大小圈”划分面部区域：用少量粉底液只涂在小圈区域，省时之外还能令面部轮廓自然突出，甚至省却了提亮修容的工夫 。

Step—5：快速眼妆安全色。

眼影选择安全色。

日常或通勤妆容并不追求眼影色彩的变幻或夸张的睫毛效果，重点是令眼部干净、有神采、有立体感。一盒棕色或灰色系的安全色眼影就能搞定。眼影的色调选用与服装同色系、又稍偏淡一些的色彩，咖啡色系是最保险的颜色。

1. 在眼睑上晕开的眼影选用稍带珠光效果的会很容易扫匀，再配一支晕色刷，10 秒钟搞定。

2. 笔画眼线易显得呆板，用眼影盒里通常都有的圆柱形小海绵棒尖端沾深灰色眼影粉画眼线，过渡效果自然。

3. 用一支吸管压在睫毛根部的眼皮上涂睫毛膏，就可以“唰唰唰”快速刷睫毛膏而不用担心沾到眼皮啦。

Step—6：提亮比暗影更省时。

为了令面部轮廓更立体，打暗影或腮红是很多人的心头好，但暗影的位置、手法都不太好掌握，刷不好反而令妆容前功尽弃。时间宝贵，不如直接在颧骨上方 C 字区域、鼻梁及下巴轻轻扫上提亮粉或淡米、淡黄色珠光眼影粉，浅色易于掌握，15 秒钟即可提升脸部轮廓。

掐算一下时间，只要熟练程度尚可，10 分钟打造一个完美的办公室妆容是易如反掌吧。但人都是有点贪心的，懒 MM 可能会再问，“我上班完之后立刻要赶往一个商务宴会，白天的通勤妆可能不太够用。有什么好办法能瞬间大变身么?”明白了，你是想 10 分钟内从清爽干练的通勤妆直接转变为光彩照人的宴会妆吧，没问题，这个世界是为懒人创造的，也是聪明的懒人设计的。

【懒美丽贴士】

10分钟下班改头换面Party妆：

改妆前奏：补底妆。

1. 补粉底之前，别忘了先用吸油纸吸去脸部多余油脂。

2. 用粉饼或蜜粉饼轻轻按压，额头和鼻翼下方三角区要补得干净均匀，但不要厚重。

改妆计划1：以眼妆为重点的妆容。

眼妆和唇妆只能夸张一方，所以用小烟熏眼配浅色晶亮嘴唇。

1. 在上眼皮近睫毛根部处用小头海绵棒画有一定宽度的眼线，弱化眼头，强调眼尾，可向外略飞出；海绵棒上余粉由外向内刷在下眼皮睫毛根部。

2. 用大头的海绵棒将上眼线向上晕开，下眼线眼尾处稍晕开即可。

3. 贴上假睫毛。

4. 刷上浅色稍带金属亮泽的唇彩，今年流行的淡金色唇彩有不错的时尚感。

改妆计划2：以唇妆为重点的妆容。

突出嘴唇，眼妆便要简洁。纯正的红色或玫红色饱满唇形会继续大热。

1. 用黑色眼线液画出眼尾略飞扬的眼线，有略带彩绘感的精致效果，不熟悉眼线液的话可要小心尝试哦！

2. 再刷一遍睫毛膏，撑一张名片，刷下睫毛就能又快又长。

3. 涂上红色或玫红色的唇膏，最好用唇刷，便于描绘精致漂亮的唇形。唇形轮廓不宜起伏过大或过薄，饱满圆润才好看。

4. 在两侧颧骨下方轻轻扫两下暗影粉，提升轮廓。

短短10分钟，时间虽然比刘谦的魔术长了点，但变化出的神奇效果一点都不比他差哦。各位MM有什么更快的换妆技巧，也别忘了告诉周围懒人俱乐部的同仁。

考考你的色彩感

你最喜欢什么颜色呢？听说过彩妆色彩学么？彩妆，顾名思义，就是用各种不同的颜色来美化我们的妆容，每个人的肤色、气质、所处的场合不一样，适合的彩妆颜色也都不一样哦！很多女孩对色彩问题并不在意，她们觉得喜欢什么色彩就买什么色彩，或者流行什么色彩就跟风选什么色彩。其实选中心仪的彩妆品牌之后，下一个该好好琢磨的就是色彩选择，你可千万别说你从来没有做过色彩搭配，那样简直暴殄天物。再难也得看看色彩搭配法则，否则银子白花不打紧还适得其反。找到适合自己的色彩，轻轻松松做个聪明懒美人。下面着重介绍的是彩妆色彩学，以及与服装、鞋子、包包等的色彩搭配也稍有涉及哦！

1. 色彩课堂——眼影

单眼皮的人较适合冷色系；肤色偏黄的人避免选用紫色、黄绿色、暗蓝色等含有黄色的颜色；肤色黯淡的人避免使用有浑浊感的颜色，否则会使肤色显得更暗。

2. 色彩课堂——腮红

腮红不仅能让脸部变小，在整体化妆气氛中还起着决定性的作用。粉红色系列腮红让脸部变得更加华丽，橙色、褐色系列可以有知性、健康的感觉。

3. 色彩课堂——眼线笔

眼线笔（液）的颜色应比眼影颜色深一号，深棕、深灰色比较适合东方女性的琥珀色眼珠，黑色的也可以尝试，但注意描画时不要过于粗浓。

4. 色彩课堂——眉笔

选用比头发颜色浅一号的眉笔（粉）。亚洲女性比较适合棕色，尽量不要完全使用黑色，会使眉毛显得过于严肃。

5. 色彩课堂——睫毛膏

黑色睫毛膏最能提高眼睛放电度的色彩，你的第一支睫毛膏最好是黑色，而且越黑越好！棕色睫毛膏虽说色泽自然，但会让眼睛显得无神。

6. 色彩课堂——口红/唇彩

口红颜色要考虑肤色、发色和服装颜色。口红应与眼影、指甲油、胭脂颜色搭配。面部妆容整体感觉清淡者，应当配合涂抹淡粉、浅橘、桃红等自然色泽的唇彩。而如果妆容以浓艳为主，则可搭配酒红、大红、紫红、金色等。有时候深邃的眼妆配很淡的唇色，或全脸只涂一个深色口红也会令妆容突出。

如果皮肤颜色偏黄，就要选择暖色系列，避免使用粉红色调。粉红色的口红虽然好看，但偏黄的皮肤涂上它反而会显得肤色蜡黄，不健康。而皮肤白皙的人，才适合粉红色系，涂上后会衬得肌肤粉嫩可人。唇彩的颜色应该与服装为同色系或近色系。而中性色彩的服装（礼服）可根据肤色自由选择。中性色彩包括：白、黑、深咖啡色、灰色、中性蓝及金、银色。而如果穿紫色衣服，就要选择粉紫色系的口红；红色系衣服则最好搭配酒红色及水红色的唇彩。

季节色彩点评

（1）春季型人

春季型色彩：色彩明亮、鲜艳，任何一种颜色看上去都会感到明媚、鲜活，如同春天的明媚阳光。

春季型人的化妆用色：化妆品要选择明亮、轻快的暖色系。适合清薄透明的妆面，最好选用浅象牙色的粉底，忌用泛蓝的玫瑰色系列。眼影色采用明亮的浅金棕色系列和近来流行的金黄色，再把黄、绿作为点缀色涂在眼角处，会很有特点。口红、腮红适合珊瑚粉和橘红系列。

（2）夏季型人

夏季型色彩：色彩浅淡、柔和，给人凉爽、柔美、优雅的印象，如同碧海蓝天的清爽，小溪流水的清纯。

夏季型人的化妆用色：化妆品要选择清爽的冷色系。粉底宜选用偏玫瑰粉的冷米色，眼影最好用和服装一样的颜色，如浅蓝、浅紫、浅粉色。口红和腮红应统一在浅玫瑰红色系里变化。整个妆容都须浅淡。切记夏天型人不适合咖啡色系列。

（3）秋季型人

秋季型色彩：色彩浓郁、成熟、华丽，如同秋季自然景色般富有美感。秋风红叶的华彩、瓜果熟落的丰收色泽被这组色彩生动的演绎着。

秋季型人的化妆用色：化妆时，粉底选用与肤色相同的颜色，突出皮肤的自然质感。眼影以咖啡色为基本色，也可配合衣服颜色使用苔绿色、泥金色、砖红色，会有独特的感觉。涂上棕红、砖红色系的口红、腮红，脸部会显得健康而有生气。

（4）冬季型人

冬季型色彩：色彩纯正、鲜明，如同冬季松树的坚挺、腊梅的娇艳、黑夜的纯粹，白雪的冷傲。

冬季型人的化妆用色：应使用清澈、明艳、光泽感好的妆色。眼影采用蓝灰、银色系列。口红、腮红用深玫瑰红、深酒红系列。可在眼影、口红上加荧光以体现时尚感。冬天型人适合明艳的妆色，忌用咖啡色眼影和黯淡口红，别试图用轻柔色彩冲淡自己的锐利感，那样会失去冷艳的魅力。

看了四季色彩，色彩搭配功力肯定又上涨了好几个级别，以后MM就不用再为选什么颜色而举棋不定啦。对了，如果与人侃侃而谈色彩搭配，别人肯定会对你刮目相看，以为你是顶级专家哦。短时间经历了这么高密度的信息轰炸，有点累了吧？休息一下，喝口水或者伸个懒腰吧！

【懒美丽贴士】

为什么总感觉手背色彩在骗人？

我们习惯先在手背上面实验颜色是否合适自己，感觉不错，就买回家，结果却发现不是那么一回事，完全不是自己想要的效果。这是因为，你在购买的时候只注意产品的颜色和质地，而忽略了用在哪里。选择带有色彩感的彩妆，如眼影、口红、腮红之类的，一定要在眼部、唇部、腮部进行认真的尝试，而且一定是要打底妆的。因为面部上了粉底之后，皮肤色彩就会有改变，而手背的颜色和上了粉底后的面部色彩有很大的差别。手背的黄色或者其他不匀肤色，都会直接影响到产品颜色的纯正度，造成视觉色彩偏差。而精心设计过的面部底妆，犹如干净的画布，可以让颜色更加纯净地展现。

应急补妆小方法

期盼许久的重要 Party 或约会终于到啦，那当然得好好将自己妆扮一下。一番精心的描眉画黛、对镜理鬓，你信心满满的出门了。可惜好景不长，因为各种可恶的因素捣乱，妆开始花了，甚至还出现了肌肤问题，这可怎么见人呢？遇到这种情况，你的美丽心情自然会大打折扣，不过你却不需要为此而花容失色，迅速补妆就能解决所有问题。下面提供的就是一些简单可行的应急补妆小方法，可以在尴尬时刻帮你大忙哦！

清晨醒来时，感觉鼻头有点小胀痛，原来一夜之间上面又新冒出几颗小痘痘；想要秀最新购买的露背装与男友共进烛光晚餐，却发现干燥脱屑的后背大大影响了美观。这些意想不到的肌肤问题让你愁容密布了么？别急，看看下面的小招数能不能为你分忧解难呢。

拍过艺术照的 MM 都有体会，化妆师在眼部捣腾时间最长，炯炯有神的双眼基本上是拍照时最大的亮点，而卷翘浓密的睫毛又是眼妆的关键所在。可别以为化好妆就万事大吉，你看拍照时每拍完一个造型，化妆师都会为你眼部着重补妆，因此在出门前或聚会的空档里，一定要悄悄照照镜子，看看自己是否依然“明眸善睐”。

NO. 1 尴尬时刻：好不容易熬了好几个通宵做出来的策划案被老板轻描淡写给毙了，而且老板还以为我没有在上面下工夫。心里一委屈，眼泪哗哗地往下掉。睫毛膏受不了突如其来的洪涝之灾，眼睛周围顿时被染成黑乎乎一片，这情形恰巧被同事给撞见了，吓得他半响没吱声！

应急秘方：躲到化妆间或洗手间，拿身边的护唇膏、护手霜之类的乳液，涂一点在眼下，然后用面巾纸轻轻擦干净。如果没有乳膏的话，取一张面巾纸用温水沾湿，也能轻松卸妆。秘诀是要在妆花掉之前就采取抢救措施哦。

NO. 2 尴尬时刻：下班了！周末了！我要去 Party 了！可是等到要做彩妆时，发现睫毛膏竟然不知何时干了。姐妹淘就在门外等着我呢，太丢脸啦！

应急秘方：用凡士林油取代睫毛膏来化妆。这样会使眼睛看起来更湿润更有神，明亮且性感。有些 MM 告诉我们，把经常用的唇彩或者日霜涂于眉间，这样眉毛看上去更加闪亮，会有意想不到的效果呢。

NO.3 尴尬时刻：涂完眼影才发现睫毛夹昨天被小侄女拿着玩的时候给掰坏了。不用睫毛夹，就这样硬着头皮出去？会显得无精打采，脸上也顿时会失去神采，约会时间快到了，该怎么救急呢？

应急秘方：有棉签吧，勺子也可以。把棉签或勺子平放在睫毛下面，顶住睫毛的根部，稍等片刻，你会发现，睫毛乖乖地上翘了，还挺自然，技术过硬的话不亚于睫毛夹的效果哦。

NO.4 尴尬时刻：许多“菜鸟”甚至是化妆高手的朋友都在抱怨一直画不好眼线，每次化妆完毕没多久，眼线就会晕染一片，眼睛就像被人打肿了一样。怎么才能防止眼线“糊”掉呢？

应急秘方：眼线不耐久不一定是质量问题，更多归咎于你忽略了画眼线前的工作。妆前眼部打底不能少。

（1）洗脸后不用膏状眼霜，改用不含油脂的眼部凝露，这种产品吸收较快，不会在眼部留下油分使眼线晕开。

（2）画眼线前，用手指蘸些散粉涂抹在睫毛周围的皮肤上，特别是眼角部位，这些散粉可以吸掉部分油脂。

（3）用防水或长效眼线笔代替膏状眼线笔，否则眼线会很快“融化”，糊成一团。

有很多MM很不幸的属于敏感型肌肤，每次小心翼翼化完妆，脸部都会很不配合的出现种种不适。但有些场合又不适合素面朝天，为了社交礼仪必须得化妆。为此，很多有心的MM收集了一些针对敏感肌肤的化妆技巧。当然，最关键的一点：敏感型肌肤的MM在选择化妆品时一定要慎之又慎，严格把好质量关，补妆时更要格外小心，以免让肌肤状况雪上加霜。

NO.1 尴尬时刻：要参加心爱的人的生日Party，耗费一个多小时才修饰出一张完美无瑕的脸。刚要整装待发，突然觉得刚上完妆的皮肤有点不适，发痒、难受而且稍带点刺痛，而且这种感觉在驱车前往约会地点的路上一直在加剧。下了车掏出小镜子偷偷一照，天啦，刚辛辛苦苦化的妆全花了，真想找块豆腐拼命撞啊！可问题是撞多少块豆腐也没用，还是赶紧补妆吧！

应急秘方：在不常化妆的皮肤上化浓妆，肌肤适应不了刺激当然会强烈抗议；或者在干燥季节使用了不合适的护肤品和粉底，也会遇到这样的紧急情况。如果你的皮肤属于敏感型，身边应时刻预备一些具有舒缓功能的乳液。很多药妆品牌口碑不错，当不适时蘸一点涂在脸上，难受的皮肤可以很快得到舒缓。在粉底的裸露处抹一些这样的乳液，把腮红和蜜粉擦淡，只保留眼唇的彩妆，肌肤基本上能暂时化“干戈为玉帛”。

NO. 2 尴尬时刻：俊媳妇终于要见公婆了。为了拜见二老，你不惜花重金特意去美容院做了皮肤保养，但没想到半路杀出个程咬金，脸上竟然冒出了疹子！心情沮丧到极点，不顾淑女形象把美容院老板痛斥一顿后才意识到，解气不管用，目前最紧要的是想办法让这些疹子迅速消失殆尽。

应急秘方：用冷水或无任何添加剂的洁面乳清洁面部，把新产品从皮肤上洗掉。在脸上水分还没有完全蒸发之前涂上薄薄的凡士林，再用干净的布裹些冰敷在脸上，便能迅速镇静皮肤。之所以冒出疹子可能是对新产品过敏，所以在使用效果未知的新产品前，最好在耳根处测试一下自己是否对其过敏。

NO. 3 尴尬时刻：搭乘飞机去欧洲参加展会，长时间的高空飞行，人有些疲惫，最要紧的是皮肤也明显的受到影响，邻座的先生说我脸有发红的迹象。My god，作为公司的形象代表，这可怎么约见那些客户和合作伙伴呀？不化妆人家会误认为是我对此不够重视，按照国际惯例也是种不礼貌的行为，化妆吧，又担心再度刺激脆弱的皮肤，真是左右为难啊！

应急秘方：这种情况下，最好马上用牛奶泡一杯袋装茶叶，将其敷在脸上，皮肤即刻就能化险为夷。

NO. 4 尴尬时刻：想要穿上露背礼服与男友共进烛光晚餐，但后背的肌肤像天花板一样干燥脱屑，而且晒得深浅不一。真是大煞风景！

应急秘方：以细软的沐浴刷将老死的肌肤表层刷去，然后用较温和的沐浴乳，温水淋浴。等肌肤尚未干的时候，抹上滋润乳液锁住水分，不急的话多擦一点。如果有必要，用接近深色皮肤的粉底均匀地覆盖在皮肤上，香酥美背配上露背小礼服，诱惑无限啊！

以上这些补妆技巧有一个总诀窍：那就是趁早发现，亡羊之前补牢才能“犹时未晚”，化了妆就一定要随时注意补妆，这样才能使自己时时光鲜亮艳，成为当之无愧的 Party Queen！

因地制宜的形象设计

率性而为穿出自己的风格固然好，但有时候妄意而为却会被看做是不懂礼数或者品味低俗，所以不管是跟男友约会，还是同事聚会，也不管是有长辈领导驾临的正式场合，还是闺蜜好友们的开心下午茶，都要因地制宜，注意形象。总之，Show 出个人风采是每个人期冀的，但是，也有些社交妆容的雷区你可千万别去踩，否则被炸得惨不忍睹还不知缘由就有点冤了。快点记住这些危险雷区，就可以免费领取美丽王国的绿卡啦！

社交妆容雷区一：马尾辫出席社交场合。

把头发简简单单在脑后一扎，束一个低马尾，如果你认为这样的发型就能够出席社交场合，实在是有些太天真了。还记得前些年红遍海峡两岸的《流星花园》么？里面两位富家小姐为了捉弄杉菜，就骗她扎个马尾穿着牛仔衣就能参加晚宴，结果可怜的杉菜现身宴会时遭到众人的大肆取笑。因为低马尾过于随意，既显得落伍土气，又会让整个人显得没精神，是社交新人的大忌。

纠错法则：抓住流行风，高马尾才有气质。

高马尾特别能凸显女孩子的脸部五官，在今季很受欢迎，不过一定要打造出头发的垂顺和光泽感。扎之前先用直发器把头发夹一下，让头发垂顺、有光泽，束发的位置在耳际线以上最好，不要用任何带花的发带，用黑色的发圈扎好以后，拉出一绺头发绕发圈缠绕，把发圈藏在里面，干净、利落、简洁，这才是今季高马尾的风格。

提示：若是你去社交场合前来不及洗头发，束这样的高马尾比披散着更加适宜，因为光洁、整齐的束发让头发有轻微的油腻也看起来不明显。

社交妆容雷区二：生活妆加浓就是社交妆？

有很多社交新人习惯把生活妆加浓，然后炮制到社交场合，当作社交妆容。事实上，这种做法是不正确的。因为生活妆追求得体，往往缺少重点，会让人觉得过于平淡。而单纯加浓妆容，不顾气质场合，只会贻笑大方。

纠错法则：用粗眉聚人气。

眉毛、眼睛、嘴巴、面颊，这些面部的视觉重心点，你并不需要面面俱到，只要在其中一方面下足功夫，加入今季最IN的流行元素，就能打破生活妆的平淡，让人眼前一亮。

比如要去出席时尚感比较强的Party或宴会，脸型棱角分明、四方脸或是长方脸的年轻个性的女孩子不妨画一道流行度超高的粗眉，保证让你时尚感倍增。而且，今年的粗眉并没有规定高挑眉等形状，主要是放粗、放浓，宽度要根据五官大小适当调整，小脸型画粗眉尤其要注意适度。

提示：圆润、曲线感强的脸型的女孩子最好不要选择用粗眉来点亮视线，会显得很突兀，建议别用咖啡色画粗眉，很容易显脏。肤色白皙的女孩子把粗眉画成灰黑色或蓝黑色，能够凸现线条和立体感。肤色偏黄的则选择纯黑色眉粉即OK。

社交妆容雷区三：自我矛盾的妆容与服装。

刚出道的你常会忽略妆效与服装质地的搭配吧，比如穿了光泽感很强的服装，却画了哑光效果的妆容，或者穿了麻质和棉质的服饰，妆容却画得光泽闪烁，从整体上看，觉得很不协调。

纠错法则：微光感呼应礼服风格。

社交场合中，最常见的就是有光泽感的面料，如丝绸、丝绒的礼服。其实，就算是穿着布料礼服，微微带有光泽感的妆容也能够与繁复华丽的细节相搭配。

微光感体现在妆容上，重点就是要保持肌肤的光泽感和通透感。有一位化妆师透露过，她的秘密武器就是在出席社交场合之前，使用带点珠光效果的底霜或凝露。这不仅能把皮肤提亮整整一个色号，还能填平毛孔的凹凸和细小的缺水纹，让粉底打上去能反射出光泽来。另外，嘴唇中间一点闪烁的珠光，眼窝中央、内外眼角的一点闪烁的金色闪粉，都能立即提亮整体的妆容光彩度，让你在社交场合光芒四射。

社交妆容雷区四：妆容夸张，过犹不及。

厚重得像面具一样的底妆、过于艳丽的腮红、太过夸张的假睫毛，这些化妆化得太过了的状况，很容易被社交狂热派遇到。有时候太想表现自己，效果反倒适得其反。

纠错法则：厚此薄彼，宁缺勿滥。

很多社交场合，如宴会厅、会议厅等的灯光都很亮，如果妆容效果不匀称，在强灯光下会无处遁形。如下颌、鼻窝、脖子、额头、嘴角等部位，在去社交场合前涂抹粉底液要稍厚一点，而面颊、T 区则可以稍薄透一点，这种厚此薄彼的方法能够让妆容在强烈的光线下也无比匀称。另外，若是不小心挤出了多余的粉底液，涂抹在脖子上比面颊更合适。

腮红一定要站在光源下方来涂抹，侧光源下化妆容易让你的腮红色一边重一边轻，若是用腮红刷，蘸了腮红以后轻轻抖一下，让多余的粉掉了再刷，这样就不容易刷多。

假睫毛不要选择前侧太长的，眼角稍微长一些的假睫毛会让人从侧面看也有很漂亮的线条，但正面看并不觉得很夸张。

提示：若是你出门时照镜子才发现自己实在粉涂得有点多了，赶紧用干净的刷子轻扫面部。如果手头没有刷子，用粉底盒里的化妆海绵代替。若是想使腮红的颜色稍微变浅，最简单的办法是往脸上轻拍一点爽肤水。

社交妆容雷区五：败露底细的致命小细节。

时尚的品位在于细节，很多“灰姑娘”做足了服饰、妆容、发型等功课，最后还是被人一眼看出没经验，关键就是被细节出卖了。比如涂了唇膏还能看出很深的唇纹，在人多的地方一会儿就能看到 T 字部位的油光，这些细节都成了整体的败笔。

纠错法则：聪明打底，随时补妆。

在社交场合，因为热烈的气氛、拥挤的人群或是饮料等因素，皮肤表面温度很容易升高，妆容容易脱落，出现浮粉。所以上妆之前，千万别怕麻烦，要在上妆前用控油打底霜，尤其在 T 字部位多涂抹一层，这样能控制皮肤的油脂和汗液分泌，保持更长的带妆时间。

在涂抹唇膏之前，先用遮瑕膏和润唇膏混合均匀后涂抹在双唇上，既能滋养干燥的双唇，而且还能淡化唇纹。很多明星就是用这个办法，让唇妆细节无可挑剔。

提示：吃完饭后，在补涂唇膏和唇彩的时候，唇膏或唇彩若是不小心渗到唇外，最好不要用手去擦，这样容易越擦越花，应该用小棉签擦一下，再蘸点遮瑕膏或蜜粉来遮盖。

社交妆容雷区六：成也红唇，败也红唇。

T 台模特和杂志明星们把红唇演绎得性感十足。在社交场合，红唇绝对能让你成为众人瞩目的焦点，不过，一旦用的场合不恰当，或是跟衣服搭不配得，成为反面教材的指数也会飙升。

纠错法则：看服装颜色选唇色。

红唇具有非常强烈的强调个性的味道，画红唇一定要和服装色调搭配。它的夸张感与服饰配搭起来，会弱化和协调很多。若你穿的是暖色调的衣服，比如红色、黄色系的晚礼服，那么画一个樱桃红带点金色的红唇，会有整体的协调感；若穿的是黑色和灰色等冷色调的衣服，选择偏酒红色的唇膏则更搭调。

提示：如果你的唇形并不是特别饱满、漂亮，要先用“隐形”的唇线笔，即跟唇膏同色的唇线笔勾勒出完美的唇形。否则，唇形的任何一点不完美，都会被红唇的效果放大、凸现出来。

社交妆容雷区七：只会画一种小烟熏。

一个喜欢在社交场合展现个人魅力的女孩，怎么会忘记最IN的小烟熏妆呢？不过，很多人在白天和夜晚画出来的小烟熏妆往往是同一个感觉、同一个味道，不分重点，没有区别，让人产生审美疲劳。

纠错法则：白天重浓淡，夜晚重立体感。

白天出席社交场合的小烟熏妆，成败的关键在于浓淡适宜。在画眼妆的时候，下手的第一下是最重也是最浓的，所以哪个地方用色最重，就要从哪个地方先开始，而且，用力宁轻勿重，用色宁缺勿滥，眉骨尽量留白。夜晚出席社交场合的小烟熏妆，关键在于打造出立体感，在眉骨的地方一定要用高光来提亮，这样在夜晚的灯光下，烟熏妆的效果也能被更好地衬托出来。

社交妆容雷区八：只顾发型，不重发质。

社交频繁的女孩子们，对发型的重视度一向颇高，不过头发有型还不够，若是发丝暗淡无光，在社交场合的吸引力依然会直线下滑。

纠错法则：塑型同时提升光泽。

众所周知，直发器和卷发棒是塑造头发造型的工具，其实它们也是迅速提升头发光泽感的帮手。用直发器和卷发棒顺着头发生长的方向烫一下头发，头发的毛鳞片在热力作用下会排列得更加整齐，光泽感也能即时提升很多。当然，如果时间充裕，还是建议你前一天去发廊做深度的焗油护理。

提示：若是不小心把定型产品喷多了，头发黏腻看着不舒服，不妨在发根部位喷一些有吸油效果的美发喷雾，其中含有的酒精能在一定程度上溶解多余的油脂。

上面八大误区看下来有些长吧，警钟长鸣才能美丽万年长啊！别忘了，灰姑娘遇见王子时可是穿着得体的礼服和美丽的水晶鞋的。

不可不知的卸妆定律

卸妆，说难不难，说易也不易，有些MM忽视了卸妆的重要性，常常是白天化了浓妆沾了满脸粉尘，晚上却是因为太累或太懒而胡乱了事，使一些有害物质残留在肌肤上为肌肤健康埋下隐患。完整科学的卸妆过程虽然听上去很复杂，但如果能掌握正确的方法，简单而准确地把妆卸掉是很Easy的哟！

第一步：擒贼先擒王，卸妆先卸眼——先卸关键部位的妆。

卸妆工作开始啦，从哪里开始下手呢？这可不能由上及下、由表及里啦！首先得卸去关键部位的化妆品。什么是关键部位呢？眼部和唇部就是啦。

而眼部化妆品和口红等又是普通的卸妆品很难去掉的，你可别奢望一瓶洗面奶就可以打遍天下无敌手。眼部和唇部必须要用专用的卸妆品。只要你化了妆，卸妆就没得折扣可打。

OK，清水哗啦啦地流了很多了，赶紧开始吧。将卸妆棉蘸上专用的眼部卸妆液，轻轻贴盖在上眼睑上，持续约30秒钟时间。然后按着卸妆棉从眉骨处至上眼睑的方向，从上至下滑行，以去掉眼部化妆品。两面交替进行，直到卸妆棉的颜色不发生变化为止。

NG！过于用力的话，卸妆棉会发出“吱吱”的声音，这可不是什么好信号。眼周肌肤是非常敏感的，如果过于用力，会使皮肤粗糙并产生细小皱纹，所以还是省点力气比较好。

眼影基本上都清洗完毕了，接下来就是睫毛了，换一块卸妆棉，再一次蘸满卸妆液，四开对折起来，轻轻地夹住眼睫毛，从根部开始向着睫毛末端方向移动，慢慢软化清洗睫毛膏。注意注意，这里还是不要太用力，否则，可怜的睫毛就被你拔下来了。

还没到万事大吉的时候，还有下眼睑的化妆品！再换一块卸妆棉，蘸上眼用卸妆液，对折起来，沿着下眼睑的边际横向滑行。这样，下眼皮的眼影、眼线和睫毛根部的睫毛膏等都会一丝不留。

提示：如果你选用了专用的眼部卸妆品，坚持约 30 秒钟后，再难去掉的化妆品也会清除得干干净净。

第二步：净化整个脸部。

把卸妆液倒在手心的凹处，多倒一点。用手盖住卸妆油，使其升温到与人体肌肤大致相当的温度。之所以这么呵护卸妆液，是有一定讲究的。卸妆液的温度太低的话溶解性不够好，如果卸妆液与人体肌肤的温度大致相当，会使粘附性和溶解性增加。因此，千万别过于猴急，不要把卸妆液立即抹在脸上，而要在手掌中温暖约 15 秒钟的时间。

卸妆液弄好后，用中指和无名指从前额开始涂抹卸妆。从皮脂分泌较多、皮脂和化妆品容易酸化的前额开始，像画螺旋一样用中指和无名指沾上卸妆液摩擦。中指和无名指的力度比较适中，即使在肌肤上摩擦也不会伤害肌肤。前额清洁完后，再倒一点卸妆液于手中，用中指和无名指涂向鼻翼。清洁完鼻梁后，鼻翼处也要清洁。鼻翼的毛孔容易堵塞，处理不好的话黑头在这里也比较集中，就会出现传说中的草莓鼻。

脸部轮廓处和耳朵下边也不能遗忘，化妆的时候这些地方不能遗漏，卸妆同样也不能虎头蛇尾。。

使用卸妆液不是做面膜，停留时间不能过长。如果卸妆液在脸上停留时间超过必要时间太多，也会产生相反的效果。因为它吸收了肌肤的污物，如果污物不及时冲走，又会重新渗到肌肤里去的，因此切记掌握时间。

有 MM 很反感这种章程似的介绍，没关系，你心里藏着的几个小疑问，懒人会的总舵主早就想到了，听听她是怎么回答的，看看是不是说出了你们心中正想问的？

问题 1：眼、唇部卸妆必须用专用的卸妆品吗？

答：有人认为这个很夸张，也很麻烦，但实际上如果使用专用的卸妆品，卸妆就会变得很简单。因为这些专用卸妆品中含有容易与难以去掉的化妆品相溶合的成分，比起整个脸部使用的卸妆品，更具清洁力，而且也不需要用力摩擦，就可以轻轻抹掉，因此也可以用在较为敏感的部位。眼部化妆品用普通的卸妆品难以彻底地去掉，因为它们很顽固地沾在了肌肤上。就像电脑如果中了很厉害的木马，必须下载专杀工具才能彻底清除一样，专用的总是最合适的。

问题2：一直捱到临睡时再卸妆也可以吗？

答：总的来说化妆品对肌肤多少是有伤害的，譬如粉底会吸收肌肤的水分，附着在肌肤上的时间越长，肌肤越容易干燥，而且有些粉底含铅，在肌肤上停留的时间过长会使肌肤变黑。因此，卸妆的事是宜早不宜迟哦！回家以后，如果晚上不需要再出去的话，最好立即用纸巾或者吸油纸等简单地卸妆，然后在洗澡时再仔细地用卸妆品卸妆，清清爽爽肌肤才能自由呼吸。

问题3：认真地卸妆以后，洗脸就可以省略了吧？

答：洗脸时还要去掉汗、油腻 、灰尘、污物等，卸妆品是为易与油性污物相溶而设计的，因此容易使粉底等化妆品去掉，两者的目的不尽相同。因此，最好在卸妆后再洗一次脸。不过，如果买到了上面清楚标明“不需要再次洗脸”的商品，那就是懒MM们的洗脸福音咯。

【懒美丽贴士】

卸妆品可以洗掉防晒霜吗？

防晒用品的主流是防水型的，因此普通的卸妆品是很难去掉的。此外，由于防晒用品是白色而且是透明的，卸妆后到底有没有干净地去掉难以把握。鉴于此，建议大家选用专门的防晒用品卸妆液。将脸彻底洗干净，可是为肌肤做大善事哩。多积德，功德无量！

懒人懒办法，受用一辈子

时尚比时间流逝得更快。没办法，每年服装流行的款式那么多，搭配技巧那么广，而且时时刻刻在变，能长久适用的就是些搭配原则。就算提供具体的搭配示范并不实用，因为今天刚刚从书本上获知信息，等明天跑到市面上购买时极有可能却被告知已是严重过时。我们的口号是：懒人懒办法，受用一辈子。

牢记服装搭配的 18 条金科玉律

第一条　穿衣有三层境界：第一层是和谐，第二层是美感，第三层是个性。第一层只要不撞色、风格不相悖就可以轻松达到。第二层嘛，就是根据自己身材和气质来搭衣服，让该凸的地方凸，该凹的地方凹。第三层就比较难了，就像奥斯卡那些走红地毯的众多女星，让大家眼前一亮、艳压群芳的必定是穿出个性的。或者在茫茫人海中，让人一眼就能看到你的，也是穿出个性的典范。

第二条　聪明、理智的你买衣服时可以根据下面三个标准选择，不符合其中任何一条的就不要轻易掏钱包：you like（你喜欢的）、you fit（你适合的）、you need（你需要的）。千万别看到商场一打折，就不分青红皂白一通乱买。

第三条　经典很重要，时髦也很重要，但切不能忘记的是一点匠心独具的别致。衣柜里一定要有一套能以不变应万变的衣服，还要有几套时下最流行的款式，外加画龙点睛的配饰。北方的女孩尤其要多备几条抢眼的毛衣链。

第四条　衣服和丈夫一样，适合自己的就是最好的。鞋子也是同理。

第五条　不要太注重品牌，这样往往会让你忽视了内在的东西。品牌可以提升我们的穿衣品味，但是一定要架得住，否则会变成一个套在牌子里的人。

第六条　衣服可以给予女人很多种曲线，其中最美的依然是 S 形，能衬托出女性苗条、修长的身段，显得女人味儿十足。简而言之，就是要选那些能衬托我们身材曲线的。

第七条　应该多花些时间和精力在服装的搭配上，这不仅能让你以 10 件衣服穿出 20 款搭配，而且还能提升自己的审美品位。当下盛行不衰的混搭是最见穿衣功力的。

第八条　即使你的衣服不是每天都洗，但也要在条件许可的情况下争取每天都更换一下，两套衣服轮流穿着一周比一套衣服连着穿 3 天会更加让人觉得你整洁、有条理。大家需要的都是新鲜，连续单调轰炸不审美疲劳才怪。

第九条　选择精良材质的保暖外套，里面则穿上轻薄的毛衣或衬衫，这样的国际化着装原则将会越来越流行。在北方更是如此，在室内一般都需要脱掉外套，这时，你如果要呼呼脱好几层就会让人觉得很搞笑了。

第十条 没有所谓的绝对流行，穿出自己的个性，你也能转动流行风向标。

第十一条 无论在色彩还是细节上，相近元素的使用虽然安全却不免平淡无新意，适当运用对立元素，巧妙结合，会有意想不到的美妙效果。

第十二条 穿衣风格不要太单调，比方淑女也可以尝试一些英姿飒爽的运动风格。

第十三条 时尚发展到今日，其成熟已经体现为完美的搭配而非单件的精彩。看看那些大品牌的衣服，单件看都没什么特别之处，可是搭配起来就韵味无穷。

第十四条 闪亮的衣饰在晚宴和 Party 上永远是最抢风头的，但全身除首饰以外的亮点不要超过 2 个，否则还不如一件都没有。

第十五条 一件品质精良的白衬衫是你衣橱中不能缺少的，没有任何衣饰比它更能千变万化。百搭之王非它莫属！

第十六条 每个季节都会有新的流行元素出台，不要盲目跟风，让自己变成潮流播报员反而失去了自己的风格。购买经典款式的衣饰，既耐穿又耐看，再加入一些潮流元素，就不至于太显沉闷。

第十七条 黑色是都市永远的流行色，但如果你脸色不是太好则最好忍痛割爱，加入灰色等彩色既亮丽又不会太跳，可以算是最保险的选择。

第十八条 寻找适合自己肤色的色彩。一定要注意，服装是穿在自己身上的，而不是穿在白色或者黑色的模特衣架。换句话说，是你在穿衣服，而不是衣服在穿你。逐步建立自己的审美方向和色彩体系，不要让衣橱成为色彩王国。选择白、黑色、米色等基础色作为日常着装的主色调，再在饰品上丰富色彩，有助于建立自己的着装风格，给人留下明确的印象，而且由于色彩上不会冲撞，也可以提高衣服间的搭配指数。

看晕了吧，想想那些口若悬河让人钦佩的律师，他们的功力可全来自于对无数条条框框一字不漏的熟背，相形之下，这 18 条穿着打扮小定律简直太小儿科了。况且，这些也是众多前辈们多年的经验，也是我们偷懒的好法宝！温习完原则，赶紧看看传说中的服装色彩搭配技巧吧。服装款式的指向标每年都变化莫测，常人难以掌控，但是服装搭配有一点却是万变不离其宗的，那就是色彩的搭配。你可以在流行的款式中选择最适合自己的色系，成为搭衣高手。

总的来说，服装的色彩搭配分为两大类。

1．强烈色配合

指两个相隔较远的颜色相配，如：黄色与紫色，红色与青绿色，这种配色比较强烈。在进行服饰色彩搭配时应先衡量一下，你是为了突出哪个部分的衣饰。不要把沉着色彩，例如：深褐色、深紫色，与黑色搭配，这样会和黑色呈现“抢色”的效果，令整套服装没有重点，服装的整体表现也会显得很沉重、昏暗无色。

2．补色配合

指两个相对的颜色的配合，如：红与绿，青与橙，黑与白等，补色相配能形成鲜明的对比，有时会收到较好的效果。黑白搭配是永远的经典。

下面介绍几个常见色的搭配秘方。

白色搭配原则：

白色可与任何颜色搭配，但要搭配得巧妙也需费一番心思。

白色下装配带条纹的淡黄色上衣，是柔和色的最佳组合；下身着象牙白长裤，上身穿淡紫色西装，配以纯白色衬衣，不失为一种成功的配色，可充分显示自我个性；象牙白长裤与淡色休闲衫配穿，也是一种成功的组合；白色褶折裙配淡粉红色毛衣，给人以温柔飘逸的感觉。红白搭配是大胆的结合。上身着白色休闲衫，下身穿红色窄裙，显得热情潇洒。在强烈对比下，白色的分量越重，看起来越柔和。

蓝色的搭配原则：

在所有颜色中，蓝色服装最容易与其他颜色搭配。不管是近似于黑色的蓝色，还是深蓝色，都比较容易搭配，而且，蓝色具有紧缩身材的效果，极富魅力。

生动的蓝色搭配红色，使人显得妩媚、俏丽，但应注意蓝红比例要适当。

近似黑色的蓝色合体外套，配白衬衣，再系上领结，出席一些正式场合，会使人显得神秘且不失浪漫。曲线鲜明的蓝色外套和及膝的蓝色裙子搭配，再以白衬衣、白袜子、白鞋点缀，会透出一种轻盈的妩媚气息。

上身穿蓝色外套和蓝色背心，下身配细条纹灰色长裤，呈现出一派素雅的风格。因为，流行的细条纹可柔和蓝灰之间的强烈对比，增添优雅的气质。

蓝色外套配灰色褶裙，是一种略带保守的组合，但这种组合再配以葡萄酒色衬衫和花格袜，显露出一种自我个性，从而变得明快起来。

蓝色与淡紫色搭配，给人一种微妙的感觉。蓝色长裙配白衬衫是一种非常普通的打扮，如能穿上一件高雅的淡紫色的小外套，便会平添几分成熟都市味儿。上身穿淡紫色毛衣，下身配深蓝色窄裙，即使没有花俏的图案，也可在自然之中流露出成熟的韵味儿。

黑色的搭配原则：

黑色是个百搭百配的色彩，无论与什么色彩放在一起，都会别有一番风情，和米色搭配也不例外！眼下，双休日逛街时，上衣可以还是夏季的那件黑色的印花T恤，下装换上米色的纯棉含莱卡的及膝A字裙，脚上穿着彩色条纹的平底休闲鞋子，整个人看起来会格外舒适，还充满着阳光的气息。不穿裙子也可以，换上一条米色纯棉的休闲裤，最好是低腰微喇叭的裤型，脚上还是那双休闲鞋，依然前卫，青春逼人。

米色搭配原则：

用米色穿出一丝严谨的味道来，也不难。一件浅米色的高领短袖毛衫，配上一条黑色的精致西裤，穿上闪着光泽的黑色尖头中跟鞋子，便将职业女性的专业感觉烘托得恰到好处。如果想要一种干练、强势的感觉，那就选择一套黑色条纹的精致西装套裙，配上一款米色的高档手袋，既有主管风范又不失女性优雅。

许多女性朋友都喜欢看韩剧，剧中MM们穿的充满都市感的时装，要比简单而雷同的及缓慢的剧情节奏精彩百倍。看的多了，多少能总结出一些韩国MM们穿衣打扮的特点：含蓄而优雅，明朗却不耀眼。在或柔媚或热烈的色彩中，米色可以说是时尚MM们常用的色彩。

【懒美丽贴士】

各种色彩的服装搭配必知常识

1. 原色、复色和间色

原色：红、黄、蓝这三种颜色被称为三原色。

间色：两个原色相调和产生出间色。如：红 + 黄 = 橙，橙色就是间色。

复色：一种原色与一种或两种间色相调和，或两种间色相调和产生的颜色就是复色。如：黄 + 橙 = 橙黄。

2. 色彩分类

色彩分为无彩色系和有彩色系两大类。无彩色系是指白色、黑色和由白、黑调和形成的各种深浅不同的灰色。有彩色系（简称彩色系）是指红、橙等颜色。

3. 色相、纯度和明度

彩色系的颜色具有三个基本属性：色相、纯度、明度。

色相：色彩的色相是色彩的最大特征，是指能够比较确切地表示某种颜色色别的名称。

纯度：色彩的纯度是指色彩的纯净程度。它表示颜色中所含有色成分的比例，比例愈大，色彩愈纯。

明度：色彩的明度是指色彩的明亮纯度。色彩的明度有两种情况：一是同一色相不同明度；二是各种颜色的不同明度。

4. 色彩的膨缩、前进与后退

在色彩的比较中给人以实际距离的色彩叫前进色；给人以比实际距离远的色彩叫后退色。给人感觉比实际体积大的色彩叫膨胀色；给人感觉比实际体积小的色彩叫收缩色。

5. 主色调与点缀色

服装色彩的主色调是指在服装多个配色中占据主要面积的颜色；点缀色是指在色彩组合中占据面积较小，视觉效果比较醒目的颜色。

如何打造一个“卧室美容院”

现在，越来越多的懒女孩加入了“宅女一族”，很多 MM 们都是好几天窝在家中不动弹。人的一生本来就有 1/3 的时间是在睡眠中度过的，换句话说也就是在卧室中度过的，现在加上宅的时间越来越长，卧室的环境不仅影响着各位 MM 们的健康，对 MM 的美容也起着不可忽视的作用。此外，当我们进入甜美的梦乡时，身体的很多器官还在不辞辛苦地工作，净化血液、治疗伤口、细胞更新等。这时，人体受外界环境的影响要比白天敏感得多。因此，打造一个卧室美容院是势在必行的。

美容卧室关键词一：环保

在一个憋闷的环境中，人的心情会变得很抑郁，就算擦上胭脂水粉也难遮盖住晦涩的气色。卧室最好经常开窗通风，冬天冷的时候就缩短开窗时间，改善室内的微小气候，减少病原微生物和灰尘的数量，并把有害物质，如氡之类的气体排出，保证室内健康的呼吸环境。卧室里可以摆放一些绿色植物吸收电器辐射，如仙人掌、吊兰等。

卧室内的窗帘不宜过于厚重，否则就会成为藏匿灰尘的“绝佳”场所，对于不喜欢经常清洗窗帘的人来说，坚固美观的百叶窗是不错的选择。

如果要在卧室内使用地毯，应尽量避免选择沉厚的类型。过厚的地毯同样会积攒灰尘，滋生细菌，影响人体健康。使用地毯还要注意每月及时用吸尘器清理，保持地毯清洁。

地板最好选无污染的材质，优质木地板是较好的选择，还可以铺上柔软易清洗的羊毛小地毯，既美观又舒适。虽然打扫卫生时有点不方便，但是地板上出现了污垢和斑点，卫生就更不好打扫啦！

美容卧室关键词二：舒适

美容觉的效果是公认的，想要在自己的小卧室里拥有甜美的睡眠，一套称心的卧具是必不可少的。选择卧具时，最好选择纯棉、纯毛、纯麻等质地柔软的卧具，肌肤接触到质感柔软的卧具会让人的疲劳得到极好的释放。尽量不使用人工合成材料，和皮肤接触多的东西含化学成分过多可不好。床的软硬度要适中，与人体脊椎浅S形紧密相贴，特别是颈部与腰部要承托得宜，摆放合适。

夏季炎热多汗，则要及时换上竹炭床垫。竹炭的多孔结构使床垫可以吸附皮肤排出的二氧化碳、氨及高湿的汗气，可保持睡眠时身体舒爽。需要注意的是，现在大多数人使用的是弹簧床垫，根据其特点，新床垫在使用的第一年，应每2～3个月调换一下正反面和摆放方向，使床垫的弹簧受力均匀，之后约每半年翻转一次。这些同时也是健康小常识。

美容卧室关键词三：清洁

一星期至少要打扫一次屋子。这可是一场与灰尘的大战，目的就是要彻底消灭它们的老巢，不让它们在居室中繁衍生息，并且每次打扫卫生时起身、蹲地、弯腰、抬头，也都是绝好的健身动作。

最好不要让你的宠物尤其是长毛动物进入卧室内。因为它们的身体上、毛发上甚至周围的空气中都携带有大量的细菌。如果你坚持人和动物应该享有同等行走权的话，皮肤过敏了就别喊冤哦。

定期清理家里的通风口，排气管道，这些可都是各类细菌的必经之地。

别将一些质量没保证的空气清新剂或是香水喷洒在空气中。如果对花粉不过敏的话，最好买几盆鲜花，既可装饰屋子又可以净化空气。

美容卧室关键词四：布局

卧室的布局以宽敞舒适为宜，但也不需要弄得像暴发户家一样奇大无比。据相关实验表明，人在一个过大的卧室睡觉会产生恐惧和不安感。卧室布局在中国的风水学上是非常有讲究的，当中很多也有一定的科学依据，如强调人要和天文地理相合一之类的。

家具的陈设应尽量简洁、整齐、舒适，避免拥挤杂乱，要留有一定的空间，减少压抑的感觉。墙壁应避免使用红和黑、黑和白、黄和黑等强烈对比的颜色，柔和的墙壁颜色容易使人的精神得到放松，让人身心保持舒畅。

衣柜应根据房间的大小灵活组合，所有的衣物都应分类放置，将干净衣服和脏衣服分开，不要将脏兮兮的衣服堆放在床头。

家庭影院可千万别安放在卧室，电视与电脑的辐射除了伤害人体健康，还对人的睡眠有影响。屏幕的光亮会抑制人体褪黑素的分泌，使人久久不能入睡。手机与人脑至少保持30厘米的距离，否则各种各样的辐射日夜环绕在你周围，你脸上不长斑才怪！

啰嗦完卧室美容院的布局，你也许会很不屑地说：这些卧室注意事项我都知道，和美容没什么直接的关系啊！这你就错了，有了舒适、卫生的环境，身体好了气色自然好，而且，想健身又怕路上来回折腾的懒MM们，有没有尝试过卧室美容操呢？其实啊，在卧室做运动是最舒服的，因为卧室有一张软绵绵的大床，你可以在床上做一些伸展、躺卧的运动。如果床不够大，铺上地毯的地板也是可以利用的空间，还有可以当练功镜的穿衣镜。每天洗过澡之后，或是睡前的私人时间里，都可以稍作运动，利用得当的卧室其实就是一个缩小版的体操室嘛！

1. 躺卧的运动最适合卧室

卧室有软乎乎的床，所以最适合躺、卧的运动。地板上可以铺层地毯，增加身体与地板的柔软接触。注意床垫不能太软，否则脊椎容易受损。

2. 起床的暖身运动

早上起床想要精神好，不妨来个起床热身操吧！首先来个深呼吸，双手高举伸伸懒腰，然后利用下床穿拖鞋时，把腿伸直，脚尖下压，以伸展腿部肌肉。

洗脸的时候，利用毛巾来点伸展运动。双手拉毛巾做左右转体动作；毛巾钩住脚底，做腿部伸展运动。

3. 卧室中的辅助运动工具

在私密的卧室里，你可以利用一些辅助运动工具如按摩器之类的东西，来增强你的运动效果。按摩一下大腿的肉肉、后背部的曲线，一些在大庭广众下不好意思做的运动在这里都可以秘密进行啦。

4. 睡前不做太激烈的运动

晚上睡不着的MM们，睡前喝点温牛奶、做点柔软操可以有助入眠。不过睡前不要做太激烈的运动，否则血液循环加速，整个人反而精神抖擞起来，做点伸展运动柔软一下紧绷绷的筋骨最适合了。练瑜伽的MM们在入睡前平静的躺着做几次腹式呼吸，美容效果超赞的。

如何，这个卧室美容院打造起来简单又有效吧，懒人出懒招嘛！

Part 3 假如你“懒”于生病，就从这里开始

刚刚吹熄 25 岁生日蜡烛的 MM 要小心了！这时候的你，也许只是偶尔会感觉有些不舒服，但你是否意识到，这是你的身体在向你发出警报。25 岁到 30 岁的女孩，注意更多的是皮肤和脸蛋有没有皱纹，却往往忽视了更重要的身体内在的健康。其实，保持身体各个器官的健康和协调，对女孩的外在美丽有决定性的作用。如果你懒于生病，懒于在 30 岁以后为身体担忧，在 40 岁以后坐拥一堆药罐子，那么就从每个今天做起吧！

别让情绪“绑架”了你

绑架？我们既不是政界要员，也与达官贵人无瓜葛，更非富豪之后，应该不会有人绑架我们的。阿弥陀佛，善哉善哉！错也错也，生活压力大，你是不是总想拍案而起呢？那么你很可能曾经或者正在被情绪所绑架哦。一般而言，女孩的感性成分偏多一点，更容易被情绪绑架。知道你会不满：情绪绑架是个什么东东，快点解释一下啦。

别急别急，一着急的话，情绪就要绑架你啦！先来听一个成吉思汗“盛怒杀爱鹰”的故事。说的是他带着心爱的老鹰上山打猎，干渴难耐时忽然发现一处山谷有少量泉水渗出。他便耐着性子用杯子接那滴答而下的泉水。在辛辛苦苦接满水正准备喝的一刹那却被老鹰将杯子扑翻在地。如此“恶劣行为”连续了两次，成吉思汗勃然大怒，一气之下快刀斩了爱鹰。之后当他寻往高处的水源地喝水时才发现，原来爱鹰不让他喝水并不是出于逗弄，而是因为水里有一条死去的毒蛇尸体。如果用现在的情商理论来分析就是：成吉思汗在盛怒那一刻已经被“情绪绑架”了。“情绪绑架”从理论上说就是情绪阻断了逻辑思考中心。在这种状况下我们处理问题通常只是凭借一时之气，而不是基于逻辑思维的考虑或长远眼光的审视来考虑问题，所以才会酿成那么多的追悔莫及。

现代女人总是为很多东西所累：为钱所累，为情所累，甚至为美所累。而这一切东西都不过是心灵之外的虚幻。旧朋友失去了消息，还会认识新朋友；不爱你的人走了，爱你的人就有机会来了；今天的太阳落山了，明天的太阳一样会升起；即使明天下雨，雨中也有别样的浪漫。

好心情来自获得和满足，既可以是物质上的，也可以是精神上的。这种获得和满足会从你的内心弥漫到你的脸上和你的目光里，变成你超常的自信，变成你飞扬的神采，并且，只要你长期保持这样的好心情，你的眼睛就会光芒四射，皮肤也会鲜鲜嫩嫩。可以说，好心情具有滋润和改善容貌的奇特功效，它是最好的美容师，它从内里改变着你，这是任何药品、补品、手术和涂抹也无法比拟的。

有一位女人整天怨声连连，闷闷不乐，表面看上去要比她的实际年龄老很多，脸上一点青春的光彩都没有。我问她为什么不快乐？其实她只是觉得自己每个月收入只有1 000元，过得不如月收入2 000元的人舒服自在。我对她说，你换一种思维方式，你去跟月收入只有500元的人比比，会有什么感觉？她笑了，想了想说道：“我比他们倒是幸福多了。”是啊，同样一件事，你的思维变了，心情也就不一样了。同样一件事，有不快乐的结果，有快乐的结果，同样都要有结果，我们为什么不要快乐的结果呢？

【懒美丽贴士】

“低潮迎战”25计

情绪低潮袭来时势不可挡，但我们可以用妙计去迎战它。每一个人都应该找一些最适合自己的排除负面情绪的方式。相信自己与情绪的沟通力吧，你一定能在这场战争中打个漂亮仗！

1. 如果自觉力不从心，那么应坚决地拒绝任何额外的加班加点。
2. 拥有一两个知心朋友。
3. 犯错误后可别过度内疚。
4. 正视现实，因为回避问题只会加重心理负担，最后使得情绪更为紧张。
5. 不必事事、时时进行自我责备。
6. 有委屈不妨向知心人诉说一番。
7. 常对自己提醒：该放松放松了。
8. 少说“必须”、“一定”等硬性词。
9. 对一些琐碎小事不妨任其自然。
10. 不要怠慢至爱亲朋。
11. 学会理智地待人接物。
12. 把挫折或失败当作人生经历中不可避免的有机组成部分。
13. 实施某一计划之前，最好事先就预想到可能会出现坏的结果。
14. 在已经十分忙碌的情况下，就不要再为那些分外事操心。
15. 常常看相册，重温温馨时光。
16. 常常欣赏喜剧，更应该学会说笑话。
17. 每晚都应洗个温水澡。
18. 卧室里常常摆放鲜花。

19. 欣赏最爱听的音乐。
20. 去公园或花园走走。
21. 回忆一下一生中最幸福的经历。
22. 结伴郊游。
23. 力戒烟酒。
24. 邀请性格开朗、幽默的伙伴一聚。
25. 偶尔做次5分钟遐想。

当然，“情绪绑架”的存在并不意味着我们对这种“瞬间无意识支配行为”束手无策，尽管情绪的产生比逻辑思维快8万倍，但其实只需6秒钟——在这个时间里丘脑阻断的信息就会传送到脑皮质，相应的逻辑思维分析也就被激活。所以，根据“6秒钟国际情商研究组织”的观点，最简单的转移情绪的方式就是：在情绪到达顶峰即将爆发的时刻再等6秒钟。在这6秒里，想想这样做的得与失是什么，后果是什么，以及自己能否承载这个后果。这短短的6秒钟，只要你坚持了，你的决定说不定就会发生翻天覆地的变化。

发挥“6秒钟的力量”，从“情绪绑架”中逃生，其实就是古语中的“三思而后行”。事实上，这个阶段也就是脑部的情绪和思考系统做链接的阶段。我们有意识的在反应点之后，给自己6秒钟的时间，让脑部的“情绪与思考”两个重要系统能够直接沟通，辅助我们做最佳的决策。听上去很专业，其实就是说在你要爆发前，停摆6秒钟！

【懒美丽贴士】

6秒钟走下情绪电梯

神奇的6秒钟，情绪便可以辅助我们思考出最有效的决策。那么，怎么可以让我们在十分紧急的时刻，能够从容度过6秒钟？这里有一个“6秒钟走下情绪电梯”的练习，就是请你为自己想出一至两种帮助你度过6秒钟的方法或事情（参考下例），当情绪产生的那一刻运用这些方法或事情来拖延行为反应的时间。这个练习虽然看起来非常简单，但对于我们在情绪产生的那一刻驾驭情绪却十分重要，MM们千万不要眼高手低哦！

6秒钟，我可以做……

一、从思考出发：我的6秒钟思索

1. 想着一位你所爱的人。

2. 慢慢深呼吸3次。

3. 改变姿势或站起来走走。

4. 喝一口冰水。

5. 走到比较明亮的地方。

6. 感谢某一个人。

7. 笑…… 什么样的笑都可以。

（或者对于你来说，任何能帮助你有效度过6秒钟的方法。）

二、从行为出发：我的6秒钟行动

你可以根据你的情绪从以下选择你的6秒钟行动。

1. 避免恐慌和暴躁：慢慢深呼吸3次，它可以帮助你放慢心跳。

2. 舒缓愤怒：喝一口冰水，冰可乐也可以，它可以帮助你降低体温。

3. 减轻紧张：喝一口温水，它可以帮助你暖化胃。

4. 淡化焦虑：改变姿势或站起来走走，它可以帮你松弛肌肉。

5. 避免忧郁：到一个光线充足或温暖的地方，它可以促进乐观思维，增加好奇心，推动开放和接受；笑，它可以帮助你转移注意力。

冰雪聪明的你，另外还有其他的高招么？别忘了拿出来和大家一起分享。尽量少冲动，也千万别拿别人的错误来惩罚自己。远离情绪绑架，否则没来得及交赎金就已经大事不妙了！

你患上“亚健康”了吗？

心理上的“亚健康”并非顽疾，但相信每个现代人都心知肚明，这种状态虽然不是明确的疾病，但却使精神活力和适应能力下降，如果这种状态不能得到及时的纠正，非常容易引起身心疾病，包括：心理障碍、癌症、性功能下降、倦怠、注意力不集中、心情烦躁，等等。对生理相对脆弱的女性来说，长期身处“亚健康”状态，对美貌与青春更为残酷。下面这个测试的目的就是看一看你的心态是否“亚健康”，结果出来之后，根据我们的建议去试着改善一下或者保持一下，我相信你一定会做一个心态健康，里外一样美丽的“鲜花女人”。

请你根据自己的真实情况，在下列符合的情况后打“√”（每个“√”1分），测测你的心态中有多少“亚健康”因子吧！

序号	心态“亚健康”症状	我是这样吗？
1	早上起来就觉得难受。	
2	眼看汽车进站，也懒得跑几步赶上去。	
3	上班途中，害怕走进办公室，觉得工作令人厌倦。	
4	不知不觉喜欢用两手托腮靠在桌子上。	
5	总想大量喝茶、咖啡等提神饮料。	
6	不想吃油腻的东西，饭菜中非常喜欢加上香辣调料。	
7	眼睛总像睁不开似的，哈欠打个不停。	
8	被不是很熟的人认为干得不错，也竭力保持别人对自己的这种印象。	
9	对别人的谈话不放心。	
10	在处理一些重要或是紧急的公务中，经常掌心冰冷或出汗。	
11	当同事的意见和自己发生冲突时，感到恼火，甚至愤怒。	
12	在十分生气或紧张时，声音会出现颤抖。	
13	当被通知领导找时，总会一下子紧张起来。	
14	不想面对同事和上司，有一种自闭倾向。	
15	工作效率明显下降，上司已表达了对自己的不满。	
16	总感到有点害怕，好像预感到有什么可怕的事情要发生。	
17	连好朋友的电话号码也记不起来。	
18	工作情绪始终无法高涨，无名的火气很大，但又没有精力发作。	
19	盼望早点逃离办公室，能够回家躺在床上多休息。	
20	对城市的污染噪声非常敏感，渴望清幽，使身心得以休息。	

续表

序号	心态“亚健康”是这样	我是这样吗？
21	好像感到人变迟钝了。	
22	对自己的外表（打扮自己）失去兴趣。	
23	发现对于以前喜欢的娱乐活动其实并不太感兴趣。	
24	在下班时间接到显示公司号码的来电时，总要考虑很久才接听或者干脆不接。	
25	在休息日总是昏昏沉沉睡到下午，然后担心时间过得太快。	
26	计划表开始变得不重要，不再往上填写各种安排了。	
27	不再像以前那样热衷于朋友的聚会，有一种强打起精神勉强应酬的感觉。	
28	到了该入睡的时间，仍然会躺在床上反复考虑一些事情。	
29	独自处在黑暗中会感到有一些害怕。	
30	晚上经常睡不着，即使睡着了，又老是在做梦，睡眠状态很糟。	

得15分以上：看得出，你为生活事业而忙碌操心。分数越高，说明你越容易焦虑疲劳，各方面的精神压力对你已产生了相当大的影响。你常为一些不值得担心的事放心不下，甚至于被激怒、无故发脾气、烦躁不安，这表示你已经患上心理亚健康。心理学中减轻焦虑，最终解决心理亚健康的方法有很多种。

进行生活习惯和行为的调整，使自己的作息趋于规律。

进行松弛训练：把一只气球吹得很大，然后将所感到的压力事项写在气球上。用针轻轻一戳，气球破了，你也会随之觉得精神放松下来。

想象疗法：可以想象你在碧波荡漾的海边，沐浴温暖和煦的阳光，听得见波涛轻拍岸石的声音，闻得出空气中清新宜人的气息……让自己的身心得到全面放松，抛弃过分的焦虑与压抑。

进行情绪调整：努力运用情绪智慧，做到能够认知自己以及对方的情绪，能够管理自己的情绪。这样能在行为上把握“度”。

进行职业心理调整：审视自己是否能够从职业中发现乐趣，或是发现创新的能力。如果不能，则要看看有没有其他的补偿办法，如单调乏味的工作是否能使你在休闲娱乐的时候更加体验到快乐。

如果觉得自己有更为复杂的心理问题，请鼓起勇气，尽快向心理医生咨询，早诊断才能早恢复。

5－15分：你有一定的症状表现，但还可以好好地控制情绪。通过上述的放松技巧，可以降低焦虑、缓减疲惫，排除不必要的担心。适度的焦虑是无害的，有时甚至可以使人在应激状态下提高警觉度，使我们在为人处事方面能更好的应对。

5分以下：你的心简直平静如水啊！在面对诸多问题时可以不乱阵脚、应付自如。将“信心”与“平常心”握在你手心，带着微笑与必胜的信念，必将迎向健康生活。

【懒美丽贴士】

大可一试，摆脱“亚健康”

勇于去做“挑战者”

有时压力的产生很大程度上来自于你对某些事情的逃避。但当你挑战了自己的极限，哪怕是走出小小的一步而获得成功，你都会信心倍增。所以，不妨每天尝试新的工作方法，甚至尝试一些极限运动等，都能帮你减轻压力。

制定计划表

当你有一个完美的计划表，而且正在逐步实施时，就不会产生无谓的压力。因为，一切尽在掌握之中。计划表是一个很好的‘监督者’——叮嘱你每一个目标的实现，又是一个软性的压力——只有跳起来才能够得着。当你心里有底时，也就没有了压力。

沟通释放压力

敞开心扉，多与亲朋好友聊天，必要时还可以与上司谈心。当你将工作中的压力释放出来的时候，必然会得到对方的关爱、回应和鼓励，甚至还能得到很好的建议，这样压力自然就被化解了。

劳逸结合的生活状态

每工作一段时间就要休息一下，从事一些可以娱乐精神和放松身体的活动。从事一些有氧运动，也可以缓解紧张的情绪。

一日三餐不可缺

这一条看似不重要，但如果身体的状态不好，也会影响情绪，压力和焦虑也会随之而来。因此，不吃早餐的习惯很不好，要戒除。

尝试打破现状

当你觉得日子一成不变时，应设法改善工作方法和尝试新的工作。你也可以主动要求多承担一些责任，或者自己去充电。如果可能的话，你也可以考虑转调部门，或者换个环境或工作方式等。总之，要对自己的状态进行调试，但关键还是要保持发现工作中的乐趣和发现未知的心态，永远拥有孩童般的好奇心和热情。

善待大脑，让你美丽到老

聪明的女孩遍地都是，漂亮的女孩也是数不胜数，但是秀外慧中的美女可就不多见了。有些求职的女孩自信满满，因为她坚信：漂亮的没我有才，有才的没我漂亮，这样下来，应聘的职位当然是非我莫属啦！的确，容颜固然重要，但加上一个聪明的大脑就如虎添翼，更让人刮目相看了。大脑作为人体的最高司令部，是生理中枢，主管着人的一切活动。假若大脑受损，就会“牵一发而动全身”。聪明的女孩最美丽，看看她是怎么善待大脑的。

首先，不使脑受外伤、感染或中毒，这是最起码的要求。对这些显性伤害，通常人们还是有所防备的。比如碰到意外情况，人的本能反应也都是护着头部。但生活中对大脑的不良刺激多数是隐性侵害，最普遍的是嗜烟酗酒，还有其他一些不良生活方式，都会在不知不觉中悄悄地损害脑细胞、微血管。到了一定年龄，就会出现脑衰老、脑萎缩、脑缺血、脑动脉硬化、老年性痴呆等，都是一些及其可怕的疾病，而这实际上是长期不注意护脑的结果。“冰冻三尺，非一日之寒。”与其亡羊补牢，不如未雨绸缪。平日里，我们就要好好护脑，不抽烟、不酗酒，早睡早起，让大脑劳逸结合。

大脑“日理万机”，任务繁重，消耗巨大，因此物资供给要切实保障。大脑需大量“食品”，但并非来者不拒，多多益善。根据它的特点和工作性质，大脑最需要、最喜欢的一是氧，二是糖，三是蛋白质、微量元素、维生素等。

大脑耗氧量占全身供氧的20%以上，耗糖量占全身的25%，可见它嗜糖如命，吸氧成瘾。这两者是维持大脑功能的能量来源，是大脑工作的基本动力，这也是大脑的主食。医生常给病人输入葡萄糖，最受益者还是大脑。我们常见重危病人鼻孔里插了输氧管，也多是为了护养脑细胞。

除了氧、糖基本口粮要保证外，蛋白质、维生素、矿物质、脂肪、微量元素等也是大脑不可缺的食粮。此外，蛋白质中的不少成分对增强脑细胞活力，遏制脑细胞退化很有好处。平时我们可以多吃坚果类的东西，例如核桃就是一种补脑的好东东。嘴馋的时候用核桃夹剥几个核桃，既填肚子又补脑，very good!

【懒美丽贴士】

补脑最佳食品榜单

1. 大豆及其制品。大豆含大脑所需的优质蛋白和八种人体必需的氨基酸，能增强脑血管的机能，抑制胆固醇在体内的积累，预防心血管病。

2. 芝麻与核桃。这两种食品，均有补气、强筋、健脑功效。

3. 龙眼与红枣。龙眼含有磷脂和胆碱，有助于神经功能的传导。红枣能健脾开胃、理气解郁，对防治神经衰弱有明显疗效。

4. 金针菜（黄花菜）。对于神经过度疲劳的人来说，应大量食用，以防治神经衰弱和失眠。

5. 各种脑髓食物。各种动物的脑子都含大量脑磷脂和卵磷脂，是人脑的滋补佳品。

青年人要勤于用脑，这是人尽皆知的。有的老年人（虽然我们都还青春依旧，但终究有一天会老的嘛，早点看看，讲给爷爷奶奶听也是好的）怕用脑多衰老快，变痴呆，怕脑中风，因此消极对待，不敢大胆用脑，不敢多活动，美其名曰让大脑休息，保存实力。其实，恰恰相反，不让大脑积极活动，大脑反而衰老得更快，反应会越来越迟钝。有一个很通俗的比喻，大脑如一部大机器，经常歇工很容易生锈，大脑的保健也同此理。况且大脑中有15多亿个神经细胞，而人的一生能用到的只占非常小的一个比例，平时大部分大脑细胞都列入“预备队伍”，并不要全员上阵。因此纵使老年人积极用脑，也不会累坏脑子。当然，我们主张的用脑，并不是不自量力地去摧残大脑。如一些老年人没日没夜恋战方城，夜以继日观看电视，这样摧残大脑是不可取的。比较有益于脑力活动的是下棋、绘画、练字、看书或和小辈做游戏。

总之，只要善待大脑，就会延缓衰老，“投之以桃，报之以李”嘛！

送给懒 MM 的几个健脑好习惯

首先，早餐一定要吃好。人在睡眠时，大脑仍然在消耗热量，所以早上起床正是大脑最缺能量的时候。吃一顿有营养的早餐，让大脑慢慢清醒过来，早餐应该是一天开始时最重要的工作。早餐最好以全麦、糙米等谷类为主，这样可以让血糖缓慢上升，保证能够持续供应脑部能量。

其次，吃东西的时候尽量多增加咀嚼次数。研究发现，使用咀嚼肌时，刺激会传到脑干、小脑、大脑皮质，提高脑部活动，充分咀嚼还有助分泌胆囊收缩素，这种荷尔蒙能随血液流动进入大脑，提高记忆力和学习能力。

最后，对于白领 MM 一族，专家特别建议：生活要有规律、合理膳食；保证充足的睡眠；适当锻炼；学会调节自己的情绪，善待压力，心胸开阔，培养多种兴趣爱好；尽量调整和改善工作及生活的环境。这些多是老调重弹，不过 MM 们看多了总会引起注意的。

【懒美丽贴士】

跳绳是最佳健脑运动

人在跳绳时，以下肢弹跳和后蹬动作为主，手臂同时摆动，腰部则配合上下肢活动而扭动，腹部肌群收缩以帮助提腿。同时，跳绳时呼吸加深，胸背、膈部所有与呼吸有关的肌肉都参加了活动。因此，在跳绳时，大脑处于高度兴奋状态。经常进行这种锻炼，可增加脑神经细胞的活力，有利于提高思维能力。

从中医针炙经络学来看，跳绳对全身经络都有刺激作用。跳绳时，手握绳头，不停地作旋转运动，能刺激手掌与手指的穴位，从而疏通手部经脉，使手、上肢部的六条经脉气血畅流。人体另外六条经脉起止于脚部，跳绳能促进四肢六条经脉的气血循环。因此，跳绳可通经活络，从而达到醒脑、健脑作用。

“防毒”比“排毒”好

没有哪位MM的电脑敢不装杀毒软件而“裸奔”的吧？除非你的电脑不联网也不插任何U盘，才能做到无毒侵犯，可是这样明显是严重的因噎废食。MM们再仔细回忆一下，我们装的电脑杀毒软件主要功能是什么呢？对，是防毒，是将病毒挡在固若金汤的城外，扼杀在摇篮里，万不得已碰上几个漏网之鱼才启用杀毒功能。养生护肤也是同理。既要“排毒”，更要“防毒”。不管“排毒”还是“防毒”，首要的是先了解哪些是“毒”，护肤品里有哪些是虎视眈眈、居心叵测的“黑客”。

“黑客”一：激素。

时下美容院销售的一些标榜为“疗效性化妆品”的产品，实际加入了激素。经常使用带有激素的化妆品，会导致“激素美容综合症”，甚至会出现严重的皮肤反应。

注明“有抗过敏作用”或“敏感肌肤适用”的一些非正规途径销售的化妆品中往往添加了激素。有皮肤过敏症状的人用后，初期症状得到了缓解，皮肤细腻了，但一段时间后，过敏症状会重新发作。长期使用含激素的化妆品会导致毛细血管扩张、萎缩，甚至出现多毛、皮炎等症状。同时，激素外用还可能引起人体内激素水平变化，造成内分泌混乱等症状。

“速效”成了不少护肤品吸引消费者的杀手锏，然而速效护肤品往往也含有激素成分。因此，如果某种护肤品使用不久就迅速见效，一定要警惕，尤其是号称能立刻消除过敏性皮炎症状的产品，含激素可能性很大。这类护肤品往往都注明“速效美白”、“敏感肌肤适用”、“抗过敏”等字样。记住：很多事情是欲速则不达啊！

生活中敏感皮肤的人更应慎用速效护肤品，因为快速见效就意味着高风险。敏感皮肤者要使用非疗效性护肤品，购买护肤品之前，一定要在耳后涂抹一点，做完皮肤测敏试验，证明无过敏症状后再做决定。

“黑客”二：美白成分。

美白产品一直相当热门，然而色斑在极短的时间内消失是不切实际的。只有平时切实做好防晒，并按个人色斑生成的阶段选择适合并安全的美白成分，加上耐心的调理才是正确的途径。若为求快速除斑而使用含副作用成分的化妆品，绝对会让你追悔莫及。这些成分包括：

对苯二酚使用不当会引起细胞毒性反应，且因它极畏光，所以需搭配高防晒系数产品，会对皮肤造成负担。

过氧化氢/双氧水的作用就像漂白水，还会刺激皮肤。到美容沙龙做全身性美白护理时，要特别留意产品中是否含此成分。

铅、汞化合物可快速破坏酵素活动，抑制黑色素形成，但它同时也会与脂肪酸结合并发生沉淀，产生只有激光才能去除的汞斑。

“黑客”三：防腐剂。

为了防止污染，护肤品、化妆品中都含有防腐剂。目前，市场上只有个别产品不含防腐剂，这样的产品对包装要求很高，且保质期也短，销售不是特别理想。因此，大多数护肤品、化妆品中都加入了防腐剂。可防腐剂是一种不安全成分，容易导致皮肤过敏等炎症。不过大品牌使用的防腐剂都经过长期、大量的人体实验，可以放心使用，而小的化妆品公司的东西就很难保证了。

“黑客”四：色素和香料。

很多人都喜欢化妆品芳香的味道和诱人的色泽，其实色素和香料也是伤害皮肤的元凶，可能造成光敏感、接触性皮炎等健康问题。

色素和香料中含的“铬”和“钕”属于禁用元素，如果皮肤抵抗力较弱的人使用，皮肤就会出现刺激感和灼烧感，严重的会导致皮炎。铬为皮肤变态反应原，可引起过敏性皮炎或湿疹，病程长，久而不愈。

钕对眼睛和黏膜有很强的刺激性，对皮肤有中度刺激性，吸入还可导致肺栓塞和肝损害。

认识了这些毒和“黑客“，赶紧升级系统，打上补丁，表层的毒可以通过清洁洗涤的方式去除，身体内部可以通过食物来“防毒”。闲话少谈，看看有哪些可以美肤防毒的小锦囊。

1. 宿便是人体肠道毒素的根源，毒素会重新侵入身体，降低人体免疫力，长期便秘的女性甚至会经常长痘痘。有道是“一日不排便，胜抽三包烟”。含粗纤维的食品能促进肠蠕动，消除宿便，如全麦，燕麦，玉米，芹菜。

2. 皮肤也是人体重要的排毒器官。而多运动，多出汗就可以让毒素快点排出去。

3. 水是最好的排毒载体，可以稀释毒素，并且随着体液循环，把毒素带走。每天一定要喝 8 杯水，而且最好早上起来就喝一杯水。

4. 我们喜爱的食品中往往也含有造成体内“毒素”的物质。许多食品，为了更美观，或更久地储存，或制作更独特的味道，通常会添加一些人造色素、香精、防腐剂等。这些对于我们的味觉是享受，对于身体则是“毒素”。所以，平时要尽量选择天然健康的食品。

5. 淋巴系统是人体重要的排毒的循环系统，充当毒素回收站的角色。全身各处流动的淋巴液将体内的毒素回收到淋巴结，毒素在这里被过滤，分解成无毒的物质，然后从淋巴过滤到血液，送往皮肤、肺脏、肝脏、肾脏等被排出体外。所以多做按摩，促进淋巴循环对于排毒极其有益。

6. 肺是最容易积存毒素的器官之一。因为人每天的呼吸会将约 1000 升空气送入肺中，空气中漂浮的许多细菌、病毒、粉尘等有害物质也随之进入肺脏。当然，肺也能通过呼气排出体内代谢的废气 CO_2 和其他有害入侵者。所以处于粉尘多，空气污染严重的地方，一定要有防护措施。另外在清新的地方经常练习深呼吸，或主动咳嗽几声帮助肺脏排毒。

7. 肝脏是人体最大的解毒器官，它依靠解毒酶对食物进行加工处理，将食物转换成对身体有用的物质，但食物中的毒素也可能留存下来。瑜伽是顶级的排毒运动，通过把压力施加到肝脏等器官上，加快血液循环，促进排毒。

8. 对于女人，尤其是爱哭的女人，眼睛的排毒作用被发挥得淋漓尽致。医学专家证实，流出的眼泪含有大量对健康不利的有害物质。很少流泪的人不妨每月借助感人的连续剧或切洋葱来让你的泪腺运动一次。

9. 夏天我们常喝绿豆汤，可以清热解毒。其实绿豆可以“解百毒”，例如重金属中毒、药物中毒、食物中毒等，能加速有毒物质在体内的代谢转化，促进体内毒物排出。

10. 猪血可以减少粉尘，有害金属微粒入侵机体。猪血的血浆蛋白被胃酸分解后，能产生一种解毒清肠的成份，能与粉尘，有害金属微粒发生化学反应，然后将其排出体外。

11. 黑木耳含有一种特殊的植物胶质，具有较强的吸附力，能吸附停留在人体消化道和呼吸道的灰尘和杂质，使其排出体外，是长期从事教育，纺织，建筑等，还有经常吸烟的人不可缺少的食物。

12. 很多人都不喜欢大蒜的味道，虽然知道它对健康有益。大蒜中的大蒜油是一种广谱抗菌素，而且大蒜还能激发人体的免疫细胞吞噬体内垃圾的作用，是一个不起眼的排毒明星。

13. 南瓜有丰富的果胶，果胶进入人体后，可以中和多余的胆固醇，使之粘在一起，排出体外。菠萝有解酒毒的作用，能缓解酒后口干，头目昏沉等症状。

14. 瑜伽中的腹式呼吸，是一种深度呼吸，可以让机体更有效地吸入氧气和更彻底地排出废气，是一种简单易行的排毒活氧方式，还可以放松精神。腹式呼吸，均匀地慢慢地深深吸气，吸气时，腹部鼓起。然后从嘴吐气，均匀地慢慢地吐气，吐气时，腹部收缩，吐尽腹中浊气。

15. 压力是一种精神毒素，因为压力使我们的肾上腺激素增加，产生兴奋感和紧张感。要学会调解自己的心态，让自己放松，来缓解压力。比如按时休息，保证睡眠，做瑜伽，享受香熏 SPA，与他人分享生活中的快乐等。

如何看待“老友驾到症”

每个女孩每月都会有位难以启齿的“老友”来访。“老友”一来就像打开了潘多拉的盒子一样，带来很多糟糕的礼物，让人这里不舒服那里不舒服。可是如果“她”不来的话，MM 也会阵脚大乱。怎么啦？发生什么意外了吗？聪明的 MM 们应该都知道我们谈论的“老友驾到症”是什么了，下面我们来简单聊聊这位“老朋友”。

“老友驾到症”其实就是月经病一种比较诙谐的说法啦。月经症状即月经初期乏力、暴躁、忧伤、嗜睡，甚至无缘故地流泪或大怒；严重者不乐意理睬家属与朋友，喜欢卧床不起，常伴有乳房胀痛、小腹胀感、便秘等；还有的人经前 1～3 天体重添置并有浮肿，尤其是晨起手指发胀，下午则下肢肿胀。另有些 MM 在月经前还有惊慌、健忘、痛楚、动作不和谐，头痛等症状。这些症状最早可出现在经前 10～14 天，多是在经前 4～5 天，待月经来潮后症状随之缓解或消失。啰嗦了这么一大堆，估计不少人又绕晕了，其实每个人的“老友驾到症”的症状都不一样，也只有自己最清楚，对付“老友驾到症”，我们主要强调的是自我调养。

首先，保持心情的愉悦。月经来临时精神生活调节的好坏，对症状有很大影响。MM应自己调整精神，保持心情舒畅，摒除不良的心理，特别是在月经来潮之前与经期更应保持良好的心理状态。因为精神状态不良可能直接影响脏腑气机，使症状加重。《素问·汤液醪醴论》中有说："精神不进，志意不治，故病不可愈。"

其次，优化生活的环境。生活在舒适和谐的环境中，人的心情就会愉悦，也有利于症状的缓解。

再次，合理的调配饮食。饮食可以健身，也可以治病。早在周代我国就有专门的"食医"。《内经》则强调："毒药攻邪，五谷为养，五果为助，五畜为益，五菜为充，气味合而服之，以补精益气。"这说明在用药的同时配合饮食治疗，就可减少"毒药"对人体的损害，又能" 补益精气"，提高治疗效果。

合理调配饮食，不仅要注意饮食的数量，而且要对饮食的软硬、冷热、品类等进行选择。由脾虚胃弱造成的月经病，常因进食生冷、硬食或辛辣而加重。因此，合理调配饮食，在月经病调养中具有十分重要的作用。

最后，注意劳逸适度。在如今的社会里，MM们和男同志一样，担负着生产劳动和工作的重担，又担负着繁重的家务劳动，因此常因过度劳累而诱发疾病。过度劳累对健康十分不利，过度安逸自养，对健康也有害处。比较正确的处理方法是既不要过度劳累，也不宜久逸不劳，应养成良好的生活起居规律。通过适度的劳动，可以帮助气血运行，增强机体的抗御能力。

【懒美丽贴士】

月经不调的食疗方法

一、煎服丝瓜，治疗月经不调。

1. 丝瓜络30克，用水煎，加黄酒内服，治月经期腰痛。

2. 丝瓜子焙干，水煎，加少许红糖，冲黄酒温服，早晚各1次，主治月经不调。

3. 老丝瓜1个，烧存性，研末，每次服9克，用盐开水调服，可治月经过多。

二、黑木耳若干，焙燥研成细末，以红糖送服，每次3~5天，可治月经不调。

三、公鸡鸡冠2个，调味煮食，日服1~2次，每月食3~5天，可治月经不调。

四、豆腐2块，羊肉50克，生姜17克，加盐调味，煮熟食服，主治月经不调、脾胃虚寒。

五、干芹菜500克，加水两杯，煎成1杯，常服主治月经周期不准，提前8、9天，甚至1月1~2次（即月经先期）。

六、当归10克，水煎，打入鸡蛋2个，加红糖50克，每次月经后服1次，主治月经不调，血虚。

七、桂圆肉30克，大红枣15克，煮汤吃，主治功能性子宫出血。

八、鲫鱼或鲤鱼去鳞，去内脏，洗净，用温水熬成鱼鳞胶，每次服30克，用温酒兑水化服，主治月经不调。

九、大米100克，荠菜250克（干品90克），同煮成稀粥食用，主治月经不调。

卵巢保养，女人知多少

果盘里的苹果红艳诱人，拿起来啃一口。不妙，苹果味道怪怪的。原来里面变坏了，仔细一看，苹果光滑的表面上已有些不起眼的小斑点。苹果变烂是由内至外的，女孩的的美丽也一样。有人曾比喻女性拥有两座花园：表象花园——脸，秘密花园——卵巢。要想表面花园开得姹紫嫣红、四季如春，就不能忘了对秘密花园的精心呵护。既然是秘密花园，可能很多女孩对其特点和功能并不大清楚，也是，藏在身体内部的很多东西，只要不出问题，我们甚至都不知道其存在，更别谈保养了。不过卵巢的作用于女性而言可是非比寻常。卵巢保养得好，可以使面部皮肤细腻光滑，白里透红，永葆韧性和弹性；使胸部丰满、紧实、圆润等。那它为什么有这么重要呢？

卵巢是女性重要的内分泌腺体之一，其主要功能是分泌女性激素和产生卵子。女性发育成熟后，卵巢会分泌雌激素和孕激素，在其影响下，月经来潮。同时，雌激素能促进女性生殖器官、第二性征的发育和保持。可以说女性能焕发青春活力，尽显女性魅力，卵巢的作用功不可没。卵巢功能不好会影响雌性激素分泌及性功能、肤质、肤色和女性三围体态，使脸部发黄，体态臃肿，阴道发干，提早进入黄脸婆时期，即衰老来临。这个时候，即使你擦了世界上最顶级、最神奇的护肤品也是于事无补了。

据有关资料表明，目前卵巢功能早衰有低龄化趋势，且发病率越来越高。上海一家医院在随机抽查的1500名女性的体检记录中发现，因卵巢不良状况导致提前进入更年期的女性有12人，导致雌激素下降而引发的骨痛、驼背、身高变矮等骨质疏松症状的人群占总数的3%，90%以上的女性从未进行过卵巢健康状况的检查，使卵巢功能保养错过了最佳时机。可惜啊可惜，我们都痛恨社会上的形式主义，不知不觉中，我们的个人护理也犯了这种错误。每天在花园里转悠，只是剪剪枝、除除虫，却忘了松土、浇水、施肥，难怪花儿总是无精打采的。那究竟该怎样对卵巢进行保养呢？不急不急，让我们一起来轻松破译卵巢保鲜密码。

【懒美丽贴士】

卵巢“早衰”与什么相关？

一、与月经初潮年龄有关。月经初潮年龄越早，绝经发生得越早。

二、与生育状况有关。首先与首次怀孕的年龄有关，即首孕年龄越大，绝经越早。另外，哺乳时间越长，绝经越晚。还有，口服避孕药时间越长，绝经越晚。

三、生活习惯。调查结果表明：每周吃两到三次鱼、虾的妇女，绝经年龄较晚；常年坚持喝牛奶的妇女，喝牛奶量越多、坚持时间越长，绝经越晚；从不锻炼身体的妇女，绝经年龄早；受到被动吸烟侵害越多、时间越长，绝经越早。

四、“塑身内衣”的压迫，导致卵巢发育受限，卵巢受伤，尤其是少女长期穿紧身衣，不仅会影响发育，还会诱发乳腺增生或囊肿等疾病。

五、生活节奏加快导致的心理压力过大，也会使女性提早出现隐性更年期的症状。据一项问卷调查资料显示，在30多岁的白领女性中，有27%的人存在着不同程度的隐性更年期现象。她们自诉身心疲惫、体重攀升、烦躁失眠、皮肤干燥、发色枯黄、月经紊乱等，有时还会厌倦工作，莫名其妙地病一场，服用了大量保健品也无济于事，严重影响了自己与家人的生活与工作。在妇科门诊，这种受到更年期过早侵袭的女性已占到门诊量的20%左右。

现在国外很流行一种做法：将精油涂在腹部进行按摩就可以保养卵巢，这就是目前流行于京城各大小美容院的美容新法——卵巢保养。据说这种保养的原理就是通过按摩让精油渗透到卵巢附近的部位，长期坚持下来就能增加女性魅力、调节睡眠、治疗月经失调、痛经等妇科疾病。

从中医理论的角度来说，一些从植物中提取的芳香类的物质的确可以经过皮肤吸收，通过“走窜”作用改善气血运行，对宫寒、痛经或许会有一定帮助，但要说到因此可以养颜美体甚至延缓衰老则未免有些牵强。至于精油中的中药成分，玫瑰的确有舒肝理气、活血化瘀等作用，中医有时会开给病人口服。但是，这些花类的中药经过提炼成油，其中只含有微量成分，经过外部按摩，由皮肤吸收到达体内，这个吸收过程非常复杂，最终能达到体内的元素微乎其微，其效力可能并非想象的那样明显。

到目前为止，不论是医学界还是美容界，都没有对“卵巢保养”的美容项目做出科学、正确的界定，它的科学性无从考证，它的效果暂时无从验证。如果你也想赶这种时髦，去美容院做卵巢保养，可千万别指望有立竿见影或神奇非凡的效果哦！

除了这两种保养方式，还有什么方式能避免卵巢功能早衰呢？专家说啦，卵巢的保养应注重科学，不妨从饮食、运动、心态等方面对卵巢实行健康的养护。

1. 饮食要注意营养平衡。除了维生素、胡萝卜素、蛋白质摄入要足够外，脂肪、糖类也应适量，同时注意矿物质如铁、钙的补充，平时可多吃些新鲜蔬菜、水果、低脂乳制品类、豆类、鱼虾类食物。

2. 坚持进行适当的体育锻炼。运动有利于促进新陈代谢及血液循环，延缓器官衰老，慢跑、散步、广播操、太极拳都是卵巢保养比较适宜的运动。

3. 保证充足睡眠。会睡觉的女人不易老，保养卵巢也要保证充分的睡眠。晚餐不宜过饱，晚上不宜做剧烈运动，否则会影响睡眠质量。

4. 保持良好的心态。劳逸结合、稳定情绪、减少压力等对调节女性内分泌有很大的帮助。

5. 和谐的性生活。完美的性生活可以使人精神愉快，增强对生活的信心，并能消除孤独感，缓解心理压力，提高人体免疫功能。

卵巢保养，听上去很是专业高深，实践起来却是这么省事又省劲，大家不妨试试吧，秘密花园打理好了，待到山花浪漫时，希望你在丛中笑。

【懒美丽贴士】

做瑜伽也能保养卵巢

瑜伽，很多女孩已经在练习了并开始尝到了甜头吧？表扬一下。瑜伽好处多多，对调节卵巢功能也是非常有效果的。那么瑜伽是通过怎样的方式来对卵巢的保养起作用的呢？这个问题问得很专业，听听专家怎么说。

瑜伽练习者通过特殊的锻炼动作，配以特殊的呼吸方式，更重要的是与精神调整相配合，可以疏通女性器官的气血循环，调整荷尔蒙的分泌，特别是对月经不调、输卵管不通、产后阴道松弛、盆腔炎等有很好的效果。同时，它还可以加强人体的肾脏功能，恢复女性因流产或生产后丧失的“元气”，使女性由内而外散发一种青春的气息，延缓衰老。通过瑜伽来温补子宫，改善卵巢功能失调引起的各种皮肤问题，绝对可以达到驻颜美容的目的。

早睡早起最能使美丽的脸鲜艳

世界吉尼斯记录里有“最懒的美人”这一项记录么？MM们想挑战么？有一项既轻松又可美容的项目大家可以尝试一下，那就是睡觉。英国大诗人拜伦说过：“早睡早起最能使美丽的脸鲜艳，并降低胭脂的价钱——至少几个冬天”。医学研究表明，人体表皮细胞的新陈代谢最活跃的时间是从午夜至次日清晨2点。而熬夜是最容易毁容的，因为彻夜不眠将影响细胞再生的速度，导致肌肤老化，这种恐怖的后果会直接反应在MM们的脸庞上。因此MM们如想保持自己脸部皮肤好，务必养成在午夜12点前入睡的习惯。爱睡觉、会睡觉的MM皮肤都不会差到哪里去。注意，重点是落在“会睡觉”这几个字身上，如果你是猫头鹰型的，晚上神采奕奕，白天却在呼呼大睡，那可就不敢保证你的皮肤啦。所以，我们不仅要多睡觉，还要会睡觉，睡“美容觉”，当个童话中的睡美人。

“美容觉”一般指晚上的10点至次日凌晨2点。为何这段时间被称为“美容觉”呢？这里边当然是有缘故的。我们的睡眠要经过几个阶段：深度睡眠、做梦和浅度睡眠。在深度睡眠过程中，我们彻底放松并很难被唤醒。第一个深度睡眠阶段是在睡着后不久就达到的，因此刚入睡时的睡眠是休养作用最好的。睡得越晚，深度睡眠时间越短，一个成年人的深度睡眠只占其整个睡眠时间的15%～20%，也就平均90分钟。深度睡眠期就是晚上的10点至次日凌晨2点，这段时间是新陈代谢进行最多的时间，也是调整内部最好的时间。所以爱美的MM应珍惜这段时间，让自己的肌体有充足的时间和机会好好休养生息，借睡眠来保持美丽的容颜。睡的时间不在乎多，而在乎精。

“美容觉”的重要性大家都知道了，那么临睡美容觉之前又该做些什么呢？

1. 晚餐中尽量避免或少量摄取盐分及酒，当然在睡前两小时更要少喝水，以免晨起时面部及眼睛四周浮肿或产生眼袋。

2. 睡前应彻底清洁脸部化妆，但如果清洁方法不当，尤其是眼妆，很容易使眼睛红肿。应用棉球蘸湿眼部清洁液，放在眼皮及睫毛上10～20秒钟，再用棉花轻轻擦拭干净。

3. 睡前用湿水浸泡过的茶袋压在眼皮上10分钟，再涂上眼霜。这样可以促进眼部的血液循环，消除眼疲劳。

4. 清洗完脸部以后，可以用棉球蘸收敛化妆水拍打，并抹上乳液再睡。

5. 睡前用热水泡脚，然后在脚上涂抹乳液，用双手在脚趾、脚底、脚面反复按摩。

6. 洗澡后，用润肤露或润肤油按摩全身，再穿上烘过10分钟的棉睡袍或浴衣。衣服上的温度会被肌肤彻底吸收，使肌肤更显光滑和富有弹性。

7. 容易失眠的人，睡前不妨喝杯温牛奶，因为牛奶中所含的成分具有松弛神经之效。还可以熏点自己喜欢的精油，像薰衣草精油就有安神的功能。

8. 可以尝试裸睡，因为裸睡有种无拘无束的自由快感，有利于增强皮腺和汗腺的分泌，还可以调节神经，有助于增强适应力和免疫能力。

9. 关于睡眠时间，建议每天要有充足的睡眠，最好在原有不少于8小时的基础上再加上一个小时。

【懒美丽贴士】

你最好远离的睡眠健康杀手

这里再向大家补充一点：在临睡前的一个小时要平静的度过，千万不要做剧烈运动，也别去看一些恐怖电影或电视剧，更不能想令你心绪不安的事情。此外，睡觉时要远离以下几样东西哦。

（1）手机、电脑

长期接触电磁波，会影响神经系统与生理功能（褪黑激素分泌降低），进而影响睡眠质量。手机和电脑都有辐射，睡觉时最好远离这些白天形影不离的好伙伴。

（2）手表

不仅是手表，睡觉时束缚感太强的衣物、首饰都要避免接触。电子表有微量电磁波，石英表或夜光表含有镭辐射，长期累积可能会影响神经、脑波，导致不易入睡。

（3）胸罩

这个白天帮我们塑出完美线条的好帮手会影响胸部健康哦。研究表明：每天穿胸罩超过12小时者比短时间或不穿内衣者罹患乳腺癌的机率高出20倍以上。原因是因胸部组织受到压迫，导致淋巴液流动受阻碍，使毒素停留在胸部所致。所以，晚上睡觉一定记得摘掉它，让它和胸部都好好休息一下。

乳房健康不可忽视

如果问女人最重视身体的哪个部位？恐怕十个中有九个女人都会指向自己的乳房。MM们上美容美体的网站，看得最多的是关于丰胸保健的广告；一桌女人聚在一起吃饭，席间的话题必定有最近发现的丰胸秘方。美丽的乳房，让女人散发迷人的魅力，是我们昂首挺胸的自信之本。

但这个神秘又宝贵的部位既带给我们美丽，也带给我们烦恼。近些年，很多女明星和女性名人都在公众的无限惋惜中香消玉殒，而夺走她们年轻生命的多是乳腺癌。乳腺癌现已攀升为全球女性健康的第一大杀手，这也引起了各界的注意。因此，MM 们除了要保持傲人的丰胸，更要呵护它们的健康。以下几个有关于乳房的事件中有些 MM 可能碰到过，希望大家引起重视。

乳房事件薄一：乳房疼痛。

“我的乳房经过检查没有任何问题，可为什么会痛呢？”一位非常关心自己乳房健康的女士在博客中写道。那么，乳房疼痛是乳房在向你诉说什么呢？一起听听吧。

青春期乳房疼痛：一般发生在 9～13 岁。这时 MM 的乳房开始发育，有轻微的胀痛。初潮后，乳房发育成熟时，疼痛就会自行消失。

经前期乳房疼痛：一些成年女性在月经前三五天开始疼痛，月经结束约 5 天后疼痛就会减轻，这是由于经前体内雌激素水平增高，乳腺间组织水肿引起的。月经来潮后疼痛会自行消失，不必服用药物；若疼痛明显，可在医生的指导下服用药物。

孕期乳房疼痛：一些女性在怀宝宝 40 天左右，会由于乳腺增生而产生乳房胀痛。

产后乳房疼痛：在宝宝出生后的 3～7 天，也可能出现乳房疼痛。这是由于产后乳汁充盈、乳房内部组织水肿、乳腺导管不通畅导致。最好的解决办法就是给你的宝宝喂奶。有硬结时可在哺乳前用毛巾热敷并按摩硬结；也可用吸奶器吸引乳汁，促使乳腺导管通畅。

人工流产后乳房疼痛：由于妊娠突然中断，女性体内的激素水平急剧下降，使刚刚发育的乳腺突然停止生长，因此会发生疼痛。你不安吗？没必要，当身体内的激素水平逐渐恢复正常时，疼痛就会消失了。

性生活后乳房胀痛：常见于性欲淡漠或性生活不和谐的人，因为达不到性满足，乳房持续充血而胀痛。丈夫在性生活前可对妻子进行爱抚，努力达到高潮；在性生活后可对乳房进行适当的按摩或热敷，以减轻乳房的疼痛不适。

乳房疼痛等于乳癌？否！85% 的乳房疼痛与乳癌没有关系！因为乳癌本身很少引起疼痛。如果乳房突然很疼，摸一摸，更疼；看一看，红红的；感觉一下，热热的；那么很可能是乳房发炎。如果是处于哺乳期的妈妈出现这种情况，就要注意了。

如果乳房疼痛并伴有肿块，很可能是与“老朋友”有关的。经前开始疼痛，经后可缓解或消失，那么很可能是乳腺增生了。

若月经结束后一星期仍很痛，且更久更痛，可能是纤维囊肿或肋骨与胸骨间的软骨关节炎。

乳房事件薄二：乳房肿块。

如果你的两座小山峰被几座“小小山丘”占领，你心里一定会咯噔一下：我不会有事吧?

首先你要检查下，是不是乳房被抓或捏了？是不是把正常的乳腺组织误当作肿块了？纤维囊肿肿块摸起来像嘴唇，比较软，用针将液体抽吸后，肿块就可以消失。如果乳房上有不疼不痒的“小疙瘩”呢，不用管吗？错！不疼的肿块多为乳癌早期症状，女性朋友不可掉以轻心。需要说明的是，30 岁之前，肿块多为良性纤维腺瘤或囊肿。30 ~ 50 岁，通常是纤维囊肿或乳癌。停经之后出现的肿块则多为乳癌。

乳房事件薄三：乳头“流泪”

我没有虐待它，当然也没有在哺乳期，乳头怎么“哭了”？看看是什么让它不惜掉“金豆豆”的。

若“泪水”像水或乳汁，多半因泌乳激素较多所致，常见于泌乳素性腺肿瘤或高泌乳素血症。如果“泪水”稍微泛黄，则多与纤维囊肿或乳管松弛有关，少数是因服用药物导致。如果“泪水”为血样性或褐色，那可能是……你可能已经快惊呼出来了：“癌?!”谁说的！你知道吗？约 95% 的“金豆豆”并非癌症所引起的，如良性纤维囊肿、乳突瘤，这些都是良性疾病，很少恶变；只有 5% 与癌症有关，不过只要接受正规治疗即可。只要乳头“流泪”，除了是你喂宝宝开心地“哭”外，其他情况都说明不够正常，找医生看看吧。

乳房事件薄四：乳头痒痒

这个情况可能是天气干燥或过度使用肥皂清洁所致，只要正确清洁乳房即可。也有可能是内衣摩擦所致，建议穿没有缝合线的胸罩，或在胸罩内放一块软棉垫。如果经过两周擦药或更换舒服的胸罩仍没有全好，一定要找医生看看！

乳房事件薄五：乳头凹陷

如果母亲或母亲一代人中有乳头凹陷的，下一代也有可能出现这种情况，这属于遗传，不必太担心。青春期胸罩使用不当，过小或过紧，也很容易导致乳头凹陷。如果乳头只是轻微凹陷，用手轻抠，乳晕肌肉收缩一下就凸出来了，这无大碍。如果太凹陷，要特别注意凹陷处的清洁，免得因堆积肥皂、分泌物或污垢引起感染。洗澡时，可用小棉棒沾清水，轻轻转动清洗凹处。

但是，曾经正常的乳房突然内陷，还有液体溢出，摸着还有肿块，可能是乳癌征兆，这个时候，你就应该赶快去医院了。

乳房事件薄六：羞答答的副乳

副乳是什么？在一些女性的腋窝前面，可以看到小小的像乳头样的突起，有的还有淡淡的颜色，这就是副乳。有的 MM 一边有，有的则“双管齐下”。副乳常见的长相有 3 种：一种是有乳腺组织，没有乳头；第 2 种是有乳头却没有乳腺组织，小小乳头像颗痣，直到哺乳时溢出乳汁，才赫然发觉那是副乳；第 3 种是有乳头也有乳腺组织，很像多了一个乳房。

有副乳，得乳癌的概率是否更高些呢？绝无此事！不过，女性接受乳房摄影检查时，要把副乳算进来。

乳房事件薄七：乳房不对称

这种情况比较普遍。主要是对雌激素敏感性不同，雌激素敏感性较强的一侧乳房先发育，会显得丰满一些；敏感性较差的一侧生长得比较慢，看起来小些。随着身体逐渐发育成熟，两侧乳房会趋向对称。偏于一侧睡眠也会出现乳房发育不对称现象，因此夜里睡觉别忘了翻个身。

一侧乳房有损伤、外伤、炎症、肿瘤，都会出现两侧乳房不对称的现象，应该看看医生了。

乳房事件薄八：“乳房”过小

对于乳房过小，目前尚没有统一的标准。如果 MM 身材单薄或营养不良，脂肪较少，乳房会比较小。一般来说，单纯的乳房过小是正常的生理现象，对健康并无妨碍，不会影响今后的结婚、生育以及哺乳。

如果是疾病引起的，应当首先治疗疾病。对于单纯发育不良的，可以通过饮食、按摩、锻炼等矫治。

关节健康轻视不得

每次听到奶奶爷爷们说关节疼痛，从而感觉关节护理离我们好像挺远。也是，年轻MM中较少出现关节方面的问题，但是，关节问题一旦出现，麻烦可就大了。因为骨与骨相接之处，有屈曲伸展并旋转活动功能者，称为关节。关节类似于门轴，门轴坏了，门可就开不开啦！有专家特别提醒：青年女性关节疼痛小心有埋伏。假如平日里作为身姿矫健“逛街族”的你突然持续出现膝关节或者髋关节酸胀，那么你得格外注意，这个看似简单的关节扭伤背后可能另有隐情。据医生说“髋臼发育不良”在发病早期往往表现为膝关节酸痛，这一“声东击西”的症状特点常会“忽悠”患者，致使许多人放松警惕。“髋臼发育不良”又称“髋关节半脱位”，指髋臼未能得到良好发育而形成的一种髋部畸形，其后果是髋关节负重面积减小，单位面积上的压力明显增高，逐步引起关节软骨的损伤与退变，最终导致髋关节骨关节炎的发生，产生髋关节疼痛以及活动受限。说白了，就是会导致行动不方便，不过这个是比较严重的状况，一般人不会那么倒霉碰上的，但平时也不能忽视了我们的关节。

人体运动是由骨骼和肌肉共同完成的，它是一个精确平衡的力学结构。如果其中某一环节受损，就会连累其他关节。譬如腰椎有病，可能会影响膝关节；而如果膝关节不适，可能会连累髋关节。所以，一旦发现膝关节不适，就要积极治疗。一般来说，虽然病理学改变是不可逆转的，但是适当的治疗可以阻止恶性循环，缓解症状。

预防关节病变可以进行一些“非负荷状态”的屈、伸和旋转运动。如仰卧床上，双腿或单腿抬起，保持45～60度大约10秒或更长时间，再缓缓放下，反复练习，有利于加强膝关节周围肌群的强度，减轻关节内软骨的负荷，维持关节活动度，达到稳定和改善关节健康状况的目的。

呵护关节的五大提示

温馨提示1：减肥能为关节减负

肥胖除了会给心脏造成负担外，更重要的是，多余的重量依附在身上，会给关节，尤其是腿骨关节带来压力。医学研究发现，女性在30岁左右骨骼质量就开始下降，30 岁以后更容易发生关节酸痛等问题。这是因为随着年龄的增长，人体正常分泌的性激素渐渐减少的缘故，而性激素在骨的生长及代谢中扮演着至关重要的角色。

建议：控制体重。饮食中多摄入些含蛋白质、钙质、胶原蛋白、异黄酮的食物，如牛奶、豆制品、鱼虾、海带、黑木耳、猪蹄等，既能补充钙质，防止骨质疏松，又能帮助软骨生长以及关节润滑液的产生。

温馨提示 2：高跟鞋使关节受累

女性穿高跟鞋，尤其是超过 6 厘米以上的高跟鞋，穿着时间过久会造成膝盖骨及股骨压力变大，增加关节骨面磨损，使骨性膝关节炎提早发生。研究发现，穿高跟鞋爬楼时，膝关节所负荷的压力是体重的三倍；而穿高跟鞋下楼时，更可增加 7 ~9 倍。

建议：生活中尽量少穿高跟鞋。如果实在摆脱不了高跟鞋对职业身份装扮的需求，那就准备三双鞋：把高跟鞋留在办公室，平跟鞋在路上穿，回家后穿上柔软的拖鞋。

温馨提示 3：谨慎进行负重锻炼

专家指出，关节是个微妙的器官，完全不动会导致肌肉无力，使关节失去保护功能；而运动不当则会加重关节损伤。因此，35 岁以上的女性不再适合进行长时间的负重锻炼和跑跳运动，包括长时间的提重物行走，特别是原本没有进行过类似锻炼的人，更不要突然开始这方面的练习。只有在安全前提下增加骨的负担，才能有效刺激骨对钙质和磷的吸收。

建议：锻炼前要轻缓舒展身体关节，让关节充分活动后再循序渐进地开始剧烈活动；练习压腿时，不要猛然抬腿过高，以防过度牵拉膝关节；练太极拳时，下蹲时不要位置过低、时间过长，以免膝关节负担过重发生损伤。

温馨提示 4：生活中要注意姿势

专家发现，生活中走路以及坐姿不当是引起骨性关节炎的诱因。长时间站着或翘着二郎腿久坐，都会使关节固定一种姿势而造成伤害。此外，不要扭着身体行走或干活，尤其是要避免长时间下蹲，因为下蹲时膝关节的负重是自身体重的 3 ~6 倍，在家干家务需要下蹲时最好坐个小板凳。

建议：关节最喜欢的运动方式是散步和游泳。据研究，这类运动既不会增加膝关节的负重能力，又能让膝关节四周的肌肉和韧带得到锻炼。久坐后要提醒自己每隔一段时间站起来甩甩手腕，活动一下四肢，让关节得到休整。

温馨提示5：超短裙的美丽代价

许多女孩把膝关节疼痛或者损伤怪罪于一次登山或者一次远途旅行，其实“冰冻三尺，非一日之寒”。常常有爱美的女士在中年以后患上骨关节疾病，都是由于年轻时犯的错。有的女孩喜欢在寒冷的天气里或者夏天在空调开得很凉的房间里穿超短裙，结果造成膝关节的血液循环不畅，为各种膝关节疾病埋下祸根。

建议：女性要多多爱护膝关节，不要透支健康。天冷的时候女孩尤其要注意脚和肚子的保暖，别觉得天气凉的时候穿超短裙只要自己不感觉冷就可以了，其实寒气已经悄悄渗到关节处，到了年纪大的时候就会因你年轻时种下的祸根而被惩罚了。

【懒美丽贴士】

关节处的皮肤养护

很多MM们关节处的皮肤有点发黑，这如何是好？回答起来也不难，五个字：内调加外用。

1. 吃混合的维生素，同时吃B族维生素，还要吃维C。维生素只要是正规产家生产的都可以，不但要坚持吃，还要够量。

2. 每天涂身体乳，非常干燥的时候乳外面还可以加一层霜，什么牌子都可以，只要你觉得舒服。

3. 有条件的话在涂身体乳之前加一层身体莹亮精华。

4. 不要刻意去关节处的角质，全身去角质的时候捎带一下就够了。

5. 出门时裸露在外面的皮肤全部要涂上防晒霜，千万不要觉得阳光晒不到这些地方。阳光是无孔不入的，而且关节处的皮层是单薄脆弱的。

6. 多推按磨油，但要用护体的，别用BABY油。自己推，在外面推都可以，推完以后不要刻意地洗干净，轻轻擦掉就行了。

7. 千万别急，要坚持半年甚至更久才能见成效哦。

警惕身体小信号，疾病早知道

俗话说，“病来如山倒，病去如抽丝”，但即使是“千里之堤”，也是

“溃于蚁穴”。很多疾病在山崩地裂前都曾给我们发过一些小警示，只不过我们没有引起足够重视罢了。为了防微杜渐，我们现在就来盘点一下有哪些身体小警报可以帮助我们及早看穿病兆，别将辛辛苦苦存了一辈子的钱最终全送给了医院。

身体向你发出的预警信号

1. 视力减退

最近的工作忙到想吐，你整夜整夜地在电脑前加班，视力明显下降。你要当心了！眼睛经常发花、眼角干涩、看不清东西，这可是肝脏功能衰弱的先兆。如果按一按肝脏的四周，会有发胀的感觉，就十有八九是肝脏出了问题。这时除了及时就医外，还要注意用眼卫生，不要让眼睛太过疲劳。用眼不当会影响到肝脏。

2. 脚部肿痒

最近脚有些肿，还伴随着痛痒……这个看似寻常的症状，可不能小瞧。它很有可能是在对你说“你的静脉出了问题!”脚肿了，往往是由于静脉栓塞而引起的，及时看医生的话就没什么事，不然很可能导致下肢浮肿，甚至会引发肺栓塞，影响到你的生命安危。静脉中的一些小血管被堵塞住了，血液就会流不畅，才会出现脚肿的症状。所以你可不能掉以轻心。如果你的脚肿，通过按摩不仅无法退下去，反而越来越严重的话，就要引起高度重视了。

3. 睡觉流口水

你会为你睡觉时流口水而不好意思吗？这可不是可爱或不卫生那么简单。它可能是由于你的神经调节障碍而引起的。唾液分泌的调节，完全是神经反射性的。常说的“望梅止渴”，就是日常生活中，条件反射性唾液分泌的一个例子。除此之外，口腔内的卫生没有打扫好，也会出现流口水的现象。口腔里的温度和湿度最适合细菌的繁殖，炎症、睡觉流口水，也是在提醒你，小心牙周病，要去看牙医了！

4. 突现的慢性皮炎

如果你身上的一些慢性皮肤病，如烧伤或外伤后的斑痕疙瘩，或慢性皮炎等，最近忽然发生了一些莫名其妙的变化，你可一定要提高警惕了。若经过治疗，这些病变反而增大，或者破溃、变硬、变厚、色素加深、角化过度甚至出血，这时，应该警惕有皮肤癌的可能。如果皮肤上出现了一些硬硬的隆起的小肿块，还老是下不去的话，就必须要到专科医院检查了。

5. 眼睑下垂

还不到30岁，成熟性感的年龄，怎么眼皮却越来越厚重，还忽然有些下垂呢？你可要小心了，不能只想到去美容院。它是许多疾病的早期症状。“重症肌无力”这种病的先兆就是缓慢发生的眼睑下垂。先是一只眼，后是另一只眼。早晨轻，晚上重，一天之内有明显的波动性。比较严重可怕的还有颅内动脉瘤。如果你的眼睑下垂是一侧性、突然的，并且瞳孔散大，应立即到神经科就诊。听起来实在是有些骇人。

6. 胃口激增

Amy近一个月来突然胃口大开，但体重却随着进食的增多而减轻了，排尿量也随着喝水次数的增加而明显增多。去医院一检查，发现“食欲大增”的背后竟然隐藏着糖尿病。Lisa近日来也是，经常吃了饭没多久就又嚷着“肚子饿”，但人却明显消瘦。医生检查后发现，Lisa竟得了“甲状腺机能亢进症”。此外，皮质醇增多症、肥胖性生殖无能症等，也可以让你出现胃口大开、食量猛增的现象。因此，如果你最近食欲好得有些不寻常，还是早早去医院全面检查的好。

7. 憋胀感胃痛

你患过胃病，所以这次竟把心脏病的先兆当成了胃疼！要知道，这可是一个重要的报警。与一般的胃病不同，心脏病引起的胃痛很少会出现绞痛和剧痛，压痛也不常有，只是有一种憋闷、胀满的感觉，有时还伴有钝痛、火辣辣的灼热感及恶心欲吐感。

8. 悄悄变化的美人痣

我们的身体发生变化时，总是会有各种各样的征兆，只要你懂得爱惜自己，就一定会对这些不寻常的征兆有所警惕。在痣发生恶变成为恶性黑色素瘤时，会有这样一些警报：

（1）痣在近时期内迅速增大；

（2）痣表面出现糜烂甚至发生破溃且有瘙痒感；

（3）痣周围原先平坦无异，新近出现小黑点、卫星结节状组织，或附近淋巴结肿大且伴黑色。

9. 汗手汗脚

手心出汗，可不是在说你身体好，特别是年轻人。女性手心会发热，还很有可能得了慢性肾盂肾炎。前期一般有持续性或间歇性手心发热、出汗，或伴有全身发热。

10. 反复低热

小林最近每天晚上几乎都出现低热，但又从不超过38摄氏度，到第二天早晨又消退了。去医院验血检查出是心脏瓣膜受到了细菌感染，幸亏发现得及时。其实，出现低热，还有可能是消化道疾病的信号，包括淋巴肉芽肿病等等。

11. 长期咳嗽不止

通常一次顽固性咳嗽，不是一种威胁生命疾病的征兆，但很可能是充血性心脏病或肺癌的信号。如果咳嗽两周以上，又找不出病因，就要赶紧去医院检查，别担心，发现得早是好事。

12. 局部痒痒到死

你的手和大腿的某个部位，总是一天到晚地痒个不停，发展到后来，甚至想把皮肤抓破才觉痛快，同时又发现有皮疹。这可能是患了淋巴肉芽肿！这个病的后期幸存率只有20%，因此早期发现的意义特别重大。另外，持续发痒还有可能是糖尿病、严重血液紊乱和肝炎等引起的。

13. 神秘的紫血块

在人体两胫部位，出现无法解释的紫血块，这是血小板减少的病症，意味着人体内血的凝聚机制出了问题。它也可能是白血病、潜伏性肝病的信号，要赶紧去医院了，说什么也别耽搁！

14. 唇舌麻木

嘴唇感觉麻木，饮食减少，身体日渐消瘦，这是胰脏功能在逐步衰退的信号。胰脏不好，便殃及胃，当胃受到损害时，嘴唇就会明显地变得干燥欲裂、麻木无味。

15. 指甲预知疾病隐患

指甲末端呈直线形，是淋巴体质或器官无抵抗力的体现。指甲呈扁平形，那是咽喉在呻吟。指甲类似云母，则表明体内有寄生虫。指甲出现横皱纹，你的消化系统最近是不是不太好？指尖边缘指甲有凹陷，动脉硬化和癌症或许在滋长！如果指尖指甲深陷入肉，亲爱的，你要赶紧去检查一下肝脏。

16. 习惯性姿势预知健康隐患

（1）机械式端坐：坐下时，只有两手扶在膝盖上，或扶持床边才感到舒服。心脏在问你，你是不是太疲倦了？

（2）闭眼站立时身体摇晃：两脚靠拢直立闭眼，身体就大幅度晃动。这是提醒你小脑或脊髓功能可能出现了异常。

（3）坐卧不安：体位变化频繁，辗转反侧，坐也不是卧也不是，可能有胆石症、肠绞痛等隐患。

17. 肚脐预知健康隐患

（1）向上形：肚脐向上延长，几乎成为一个顶端向上的三角形。那你得多留意胃、胆囊胰脏的健康状况。

（2）向下形：应注意预防胃下垂、便秘、慢性肠胃疾病及妇科疾病。

（3）肚脐偏右：肝炎、十二指肠溃疡在向你敲警钟！

（4）肚脐凸出：当腹部有大量积水或卵巢囊肿时，肚脐就会向外突出。

【懒美丽贴士】

人体信号的警示——你体内缺少什么

唇部信号：唇部开裂、唇线模糊，是唇病的先兆，说明缺乏维生素B2（核黄素）及维生素C。

补救办法：多吃青菜、柑橘、西红柿、瓜果、马铃薯等，服维生素B和维生素C片。

舌部信号：如发现舌头过于平滑，味蕾凸起发红，舌尖两侧发黄、发白，说明叶酸和铁质欠缺。缺乏这类物质，将导致骨髓内红血球的产生受到阻碍，从而引起舌炎、贫血、胃肠功能紊乱，生长发育不良。

补救办法：多吃肝脏、菠菜、黑面包，并服用含有叶酸成分的B族维生素营养丸。

口部信号：若发现口角发红、长期干裂而且口唇和舌头疼痛，你很可能是营养不足而患上口角炎，如不注意，就会引起口疮和淋巴结炎。口角炎的成因多为缺乏铁质和维生素B2及维生素B6造成。从人体健康来说，缺乏这两种维生素会引起贫血，影响人体生长发育。

补救办法：吃菠菜等绿叶蔬菜，常食猪、牛肉、肝脏、豆类等，服维生素B族营养丸。

鼻子信号：若鼻子两边发红，油腻光亮，发红常脱皮，说明你体内缺锌。缺锌会引起食欲不振和新陈代谢障碍。

补救办法：大部分食品中都含有锌，只要不偏食，缺锌现象可以得到纠正。亦可服用含有锌的多种维生素营养丸。

头发信号：头发拔出时无痛感、发丝易缠卷，说明缺乏维生素C和铁质，而头发色泽变浅、变淡，是维生素B12偏低的信号。缺乏维生素B12者体内红血球的产生和神经系统都会受到影响。

补救办法：多吃乳类食品、肝脏、鱼类和豆类，补充B族维生素。

指甲信号：指甲上有白点，表示缺锌；指甲易断裂，是缺铁。

补救办法：多吃菠菜、肝脏和猪、牛、羊肉，服用含有锌的多种维生素。

五大作风会让你身体“亮红灯”

在一家图书公司上班的婷婷是个典型的“夜生活”美女。周末下班后，卸下一周的工作，她经常和同事朋友到夜店里狂欢整晚。一个熬夜后的周末，她一觉醒来，来到镜子面前，看了看里面的自己，突然惊呼：“我怎么看起来这么老了？”现代社会的很多人，尤其是女性，在各种压力的“压迫”下，“被迫”或者主动地选择了某些不健康的生活方式。如果你也有这种情况，请看看下面的几条作风，如果你全部做到了……那么请你小心，衰老的脚步比你想象的还要快，也许有一天，你就会成为另一个婷婷哦！

1. 烟酒不离手

吸烟危害健康已是众所周知的事，而其对我们女性的危害就更大了。请看下面几个触目惊心的事实：每天吸烟15~20支的怀孕女人，其流产几率比不吸烟女人大两倍，而且更容易产下早产儿或体质衰弱的婴儿。吸烟女人所生的婴儿在产后期死亡率比不吸烟女人所生的婴儿大约高30%。因为周围存在吸烟者而被迫吸入二手烟，更会增加不吸烟者得肺癌的几率。

也许你会说：有些牌子的香烟焦油及尼古丁含量比其他香烟低，我抽那些烟不就行了。但是，世界上会有种完全“安全”的香烟吗？所以说，即使改吸“淡”烟也只是早衰变得稍慢而已。唯一的方法就是两个字：

远离。

与烟相比，酒也好不到哪里去。肝病、脂肪肝、肝硬化等疾病都和酒精脱不了干系，酒相关性肝病是酒滥用及酒依赖严重的并发症之一。据统计，在美国与酒相关性肝病所致的死亡率在各类肝病中占据首位。所以，作为女性，平时生活中能不喝就不喝，酒桌上尽量能避则避，千万别让酒精伤了你和脸一样娇贵的肝哦！

2. 熬夜成为家常便饭

看看身边的同事，你会发现，常常熬夜的人里是不会有美女的。不规律的睡眠及压力，会影响内分泌代谢不完全，造成皮肤水分流失，容易导致皱纹出现、皮肤暗淡、长暗疮、黑眼圈加重等，尤其是上完妆后情况会更糟，妆很难化均匀。从健康的角度讲，熬夜的害处多多。因为人若经常熬夜最容易疲劳、精神不振，人体的免疫力也会跟着下降。感冒、胃肠感染、过敏等等都会找上你。长期熬夜更会慢慢地出现失眠、健忘、易怒、焦虑不安等神经、精神症状。过度劳累使身体的神经系统功能紊乱，引起体内主要的器官和系统失衡，比如发生心律不齐、内分泌失调等等，严重的就会导致全身的应激状态、感染疾病的几率相应提高。疲劳症状强烈的人比一般人患上呼吸、消化系统、循环器官等各种感染症的机率高许多。

睡眠专家认为，睡眠是新陈代谢活动中重要的生理过程。没有睡眠就没有健康。睡眠不足，不但身体消耗得不到补充，而且由于激素合成不足，会造成体内环境失调。所以，年轻人应该学会控制自己的生活习惯，不让自然节律被打乱，陷入恶性循环。

3. 电脑依赖症

请回答我的第一个问题：你现在在用电脑吗?

再回答我的第二个问题：你是不是天天都在用电脑?

我敢肯定，两个问题的答案都是肯定的。

相信不用我说你也知道，这个形影不离的好友其实在一定程度上是个“损友”哦。如果长期对着电脑，显示器的辐射就会产生大量自由基，使面部肌肤被严重氧化，肌肤衰老加速、晦暗、多斑失去光泽。同时辐射还使得视力及记忆力下降、内分泌失调等。你又该问了：“那我要工作必须对着电脑啊。”如果是这样，那就建议你多喝花草茶或者是有防辐射作用的饮品，同时要仔细地做好护肤隔离。但最根本的还是要有意识地少用电脑。有时候，读一些纸质的书，写一封手写的信，说不定你会发现，心情意外的好呢。

4. 过早生育

为什么优生学上有"晚婚晚育"这一说呢？这个不但是考虑到孕育胎儿的条件，更是考虑到母亲的健康。据统计，20 岁以前结婚者比 20 ~ 25 岁时结婚生育者得子宫癌的人数高 3 倍，比 26 岁后结婚生育者高 7 倍。23 岁前，女子正处在身体各器官急速发育时期，生殖系统还不完全成熟。而且，正当发育时期的女青年本身需要大量的营养物质，倘若过早结婚生育，胎儿也要从母体内获得这些营养物质。母体和胎儿的同时需求势必造成供应不足，结果可能使胎儿的发育受到影响，也可能使母体受到影响。早育母亲往往刚到中年，就会出现未老先衰，腰腿疼痛等症状。那时医生就会告诉你与过早生育有关系，但已经来不及了。对孩子的影响有时还会造成身体和智力发育不良，年轻夫妇还是尽量在 24 ~ 29 岁之间生育。

5. 频繁流产

不能生？不想生？不是时候？现代社会再也没有那么多偏见，生不生都是你的自由。可是，自由是自由了，流产毕竟是一件伤神又伤身的事情，更不要说频繁流产了。虽然现在铺天盖地的小广告上说人流可以做得如梦幻般不留痕迹，但事实怎样只有亲历者才会知晓。先别说惋惜那个被"流"去的小生命了，单说你自己就会容易早衰。有时候，心理调节做得不好，还会引起心理障碍。

怎么样？以上的不良生活习惯你占了几样？千万不要以为没有占全就不去注意，即使只有一样，也有可能成为你早衰的罪魁祸首。所以，从现在开始，就改掉不良生活习惯，过健康美丽的新生活吧。

Part 4
皮肤代谢，还是懒一点儿的好

第一丝眼角纹会让所有女人惊恐万状：难道衰老已经在叩我的门了吗？几乎每个懒女孩在二十多岁的时候都会体验这种惊恐。如果时间能够宽恕肌肤，可怕的代谢停滞不前该有多好！衰老虽不可阻止，但我们可以尽力去延缓它的到来。了解你的肌肤，记得每个年龄阶段需要进行的护理措施，慢慢你会发现，肌肤代谢在你的精心呵护下变得越来越“懒惰”啦！

瞬间认识你的肤质

虽说我们对护肤意识增强了，也舍得往护肤品上砸大把银子了，可是每次面对琳琅满目的护肤产品，再加上柜台小姐笑魇如花地殷勤推荐，等你故作专业和冷静状读完每个瓶瓶罐罐上的说明后，估计十有八九你已经晕乎乎地买了一大堆莫名其妙的东西了。辗转到网上商店，让人欣喜若狂的广告鼓吹效果，各路英雄的众说纷纭，各大明星的轩辕力荐，瀚如烟海的产品选择，估计你的购物欲望无限膨胀的同时却又茫然不知所措了吧？可惜忍痛买回别人说超赞的宝贝，却是吃力不讨好。自己的脸要么油得像克拉玛依大油田，要么干得像撒哈拉沙漠，要么绷得像个吹弹即破快要胀裂的热气球，要么痘痘像雨后春笋般噌噌直冒……如果你有上述不堪回首的惨痛经历，说明你对肌肤分类和自身肤质了解得不多，导致没有选对适合自身肤质的护肤产品，白白浪费了一大叠可爱的人民币、美元、日元……想做个专业的护肤懒人，首先借用你五分钟，来认识一下我们的肤质吧。

按现行比较流行和广为应用的分类，皮肤大致可以分为五大类型。众多护肤品牌也针对不同的肤质量身打造了不同效用的产品。

五大肤质逐个数

1．油性皮肤

皮肤粗厚，毛孔明显，部分毛孔很大，酷似桔皮。

皮脂分泌多，特别在面部及T型区可见油光。

皮肤文理粗糙，易受污染；抗菌力弱，易生痤疮。

附着力差，化妆后易掉妆。

较能经受外界刺激，不易老化，面部出现皱纹较晚。

2．中性皮肤

皮肤平滑细腻，有光泽，毛孔较细，油脂水分适中。

看起来显得红润、通透、没有瑕疵且富有弹性。

对外界刺激不太敏感，不宜起皱纹，化妆后不易掉妆。

皮肤季节变化较大，冬季偏干，夏季偏油。

多见于青春期少女，30 岁后逐渐转为干性皮肤。

3. 干性皮肤

肤质细腻，较薄，毛孔不明显，皮脂分泌少而均匀，没有油腻感觉。

皮肤比较干燥，看起来显得清洁、细腻而美观。

不易生痤疮，且附着力强，化妆后不易掉妆。

但经不起外界刺激，如风吹日晒等，受刺激后皮肤潮红，甚至灼痛。

容易老化起皱纹，特别是在眼前、嘴角处最易生皱纹。

4. 混合性皮肤

同时存在两种不同性质的皮肤为混合性皮肤。

一般在前额、鼻翼、下巴处为油性，毛孔粗大，油脂分泌较多，甚至可发生痤疮，而其他部位如面颊部，呈现出干性或中性皮肤的特征。

5. 敏感性皮肤

皮肤细腻白皙，皮脂分泌少，较干燥。

其显著特点是接触化妆品后易引起皮肤过敏，出现红、肿、痒等。

对烈日、花粉、蚊虫叮咬及高蛋白食物等也易过敏。

提示：还有一种问题性皮肤：即患有痤疮、酒糟鼻、黄褐斑、雀斑等。这种肤质在生活中影响美容，但没有传染性，也不会危及生命，这类皮肤统称为问题性皮肤。

好的，耗时几分钟，我们对五大肤质有了一个基本认识，现在集中力量深入了解什么是油性皮肤，什么是干性皮肤。

我们经常提起自己是油性的，干性的，混合性的皮肤，这些性质的判断可不是空穴来风哦。这是依据皮肤的酸碱度而划分的，其实指的就是皮肤表面皮脂膜的 PH 酸碱值。

由于皮脂中含有脂肪酸、汗水中含有乳酸的原因，皮肤表面的脂肪膜多数呈弱酸性。健康的东方人皮肤的 PH 值应该在 4.5 ~ 6.5 之间，越是油性的肌肤，PH 值越低。同理，肤质越干燥，PH 值就越高，越偏向碱性。这就在传递一个信息，如果你是油性肌肤，就要使用碱性洗面乳才会觉得很清爽；而如果你是干性肌肤，只能使用酸性洗面乳，脸上才不会感到干涩紧绷。这也是挑选洁肤品的窍门喔！

很多人脸部的 PH 值并不均衡，有的地方 PH 值较高，有些地方偏低，这类肤质，就是我们常说的混合性肌肤。脸部肌肤因部位不同而有不一样的 PH 值，是常有的现象，只要 PH 值在正常范围内，都算健康的肌肤。

值得一提的是，PH 值有些像女孩的心情，也是一日三变。因为肌肤表面皮脂膜的 PH 值并不是一成不变的，它会随着每个人的体质与生活状况的改变而有所改变。变化的幅度小，表明肤质的状况就稳定；波动大时，就说明肌肤容易出问题。一般而言，中午的 PH 值会保持在 5.2 ~ 5.3 左右，下午会降低到 5，晚上 PH 值又会慢慢上升，到深夜可能达到 6 ~ 7 之间。不过不论这些值是多少，个人的 PH 值在一天之内变化 0.5 的幅度都是正常的。

【懒美丽贴士】

决定肌肤健康度的“碱中和能力”

“碱中和能力”是肌肤健康的关键，PH 值呈弱酸性，可以阻挠细菌滋生而具有保护能力。另外，当肌肤表面接受到碱性物质的刺激而改变 PH 值时，酸性的脂肪膜也有能力在短时间内，将肌肤表面的酸碱度调整回原来的指数，这种能力称为肌肤的“碱中和能力”。而不论肌肤表面酸碱值是多少，只要其“碱中和能力”强盛，就能抵抗容易造成过敏的过敏源，使肌肤保持健康。

皮肤“懒惰”也有益

冬日里懒懒的歪在竹躺椅上沐浴着天堂之光，实在是惬意至极，但换了夏天的炎炎烈日，再长时间暴露在毒辣的阳光之下，就绝对是自残行为啦！除了必要的亲近阳光，为了我们的皮肤还是懒点，再懒点，少去正面赤裸裸地拥抱阳光为好。要使我们皮肤的新陈代谢和老化速度在太阳下变得懒惰一点，那么防晒就是必不可少的啦！

防晒，这是美容护肤当中必需的，各大护肤品也都以此为卖点。反应速度快的 MM 可能会跳出来反驳：既然阳光会损伤皮肤，那什么我们常听人说“出去晒晒太阳”，欧美那边的新贵们为什么对海边“日光浴”趋之若鹜呢？这不是有点自相矛盾么？事实上非常好理解，植物需要阳光才能进行光合作用，人也一样。日光的照射能促进人体产生一系列生理反应。例如紫外线不仅能够杀死皮肤表面上的细菌，还能使皮肤增加弹性、光泽和柔软性，也可能刺激血液细胞的新生，改善体内的糖代谢，促进体内维生素D的合成，有助于钙的吸收和利用。当然，任何事情都有一个“度”。当皮肤在强烈的紫外线下惨遭暴晒后，表皮细胞会受到损伤。酪胺酸酶被激活，色素合成加快，皮肤的保湿功能也随之受到破坏，皮肤变得干燥，真皮层中的弹力纤维受损，可怕讨厌的细纹会翩然而至。同时，还会伴随肌肤发炎、灼伤。最糟的情况，会演变成色素性的皮肤癌等。

这可绝不是耸人听闻。众所周知，现在的环境恶化，大气的臭氧层受到严重破坏，地球的天然防护外衣被撕开一个大洞，很多对人体有害的物质争先恐后地跑到地球上来，遭殃的就是我们娇嫩的皮肤啦！不信，你注意观察，即使是那些在勇敢享受“日光浴”的MM们，身上也是绝对涂了几层厚厚的防晒油，绝对没有敢“无防护”上阵的。所以如果我们的皮肤此时变得很懒，对外界的阳光不理不睬的，那我们就不用担心阳光造成的严重后果了。

不可不知的防晒常识

防晒主要是防UVA区的紫外线，上面对它已有所提及。它是令我们皮肤老化的元凶，它是令皮肤提前衰老的最主要原因。紫外线一年四季都存在，所以，我们都得用心提防它，只不过冬季、雨天，当宅女的日子里，可以稍微放松点警惕。具体防范措施请将视线转移至下：

春、冬季防晒需要度：★★★。

1. 春天和冬天阳光比较柔和，紫外线相对较弱，选用SPF15左右的防晒霜就足矣。

2. 除了防晒霜，讲究的MM还可以试试隔离霜。因为隔离霜不但能对紫外线起到隔离作用，还能隔离彩妆和污浊空气。

3. 此外，紫外线可以透穿水，所以对于喜欢露天戏水的人或潜水爱好者来说，每次下水也最好使用防晒系数高且具有防水效果的防晒品。

4. 出门前半个小时，预先涂上防晒乳液，防晒效果肯定倍棒。

5. 阳光强烈时，最好穿深色衣衫。因为美女们钟爱的白色只反射热度，却无法阻隔紫外线哦。诸如黑色、红色、紫色的棉质衣服都是不错的选择。

6. 为免肌肤色素沉着，尽量少吃太咸或太辣的刺激性食物。

7. 酒吧及餐厅中的荧光灯也含强度紫外线，这个你恐怕不知道了吧？因此去以上场所也最好做好防护工作。

夏、秋季防晒需要度：★★★★。

在以上的基础上，再额外多关注几点。

1. 夏秋季紫外线是最强烈的时候，因而防晒霜的防晒指数也相应地水涨船高。应选择 SPF30，或者依据工作环境选择指数更高的。同时，夏季的天气预报会着重播报紫外线强度，MM 们稍微注意一下就 OK 了。

2. 重复涂抹防晒霜。并非一天涂一次就可以一劳永逸的。任何保养品，甚至只是水，只要覆盖在防晒霜上便会影响其防晒的效果。而流汗或者用毛巾擦拭等都会降低防晒效果。重复涂抹虽然麻烦但可持久保持防晒效果，太阳不偷懒的情况下，我们也就别先偷懒啦。

3. 尽量避免在正午出门。UVB 在正午时的辐射强度可高达早晚的 150 倍，避免在正午出门既可预防中暑，又可起到自我保护作用，这个懒很划算。

4. 涂抹防晒要出手阔绰。防晒的效果不止取决于防晒成分和系数的高低，擦拭的厚度和均匀与否也是重要的因素。所以，千万别学葛朗台那么吝啬。不过，如果要涂很厚的话，最好选择清爽型的。

5. 即使撑上号称防紫外线的太阳伞，别以为就万事大吉了，防晒霜还是得涂。因为，50% 的紫外线都能透过遮阳伞。遮阳伞只能隔离会让人有灼热感的 UVB，而 UVA 却能毫无困难地穿透遮阳伞。

PS：防晒应该在护肤品之后涂抹。白天涂上了防晒霜，晚上一定要记得清洗干净。

【懒美丽贴士】

防晒霜上 SPF/PA 的由来

上面提到该选择 SPF15，SPF30 防晒霜之类的术语，估计 SPF 的由来大家知之不多吧。SPF 是防晒系数（Sun Protection Factor）的英文缩写，表明防晒用品所能发挥的防晒效能的高低。它是根据皮肤的最低红斑剂量来确定的。皮肤在日晒后发红，医学上称为“红斑症”，这是皮肤对日晒作出的最轻微的反应。最低红斑剂量，是皮肤出现红斑的最短日晒时间。使用防晒用品后，皮肤的最低红斑剂量会增长，那么该防晒用品的防晒系数 SPF 则为：

SPF = 最低红斑剂量（用防晒用品后）/最低红斑剂量（用防晒用品

前)。

SPF 防晒系数的数值适用于每一个人，其计算方法是：假设紫外线的强度不会因时间改变，一个没有任何防晒措施的人如果待在阳光下 20 分钟后皮肤会变红，当她使用 SPF15 的防晒品时，表示可延长 15 倍的时间，也就是在 300 分钟后皮肤才会被晒红。

另外还有一个指数 PA 。PA 是 1996 年日本化妆品工业联合会公布的“UVA 防止效果测定法标准”，是目前日系商品中最广被采用的标准。防御效果被区分为三级，即 PA +、PA + +、PA + + +。PA + 表示有效，PA + + 表示相当有效，PA + + + 表示非常有效。

长见识了吧，感兴趣的 MM，还可以继续了解更专业深奥的东西，能将这些东西脱口而出绝对会让人刮目相看。知其然，还知其所以然，这可不一般哦!

阳光中的紫外线，依波长的不同分为 3 个区段。

UVA 区，长波紫外线，约占 10% ~20%。它是令皮肤提前衰老的最主要原因，可穿透真皮层，使皮肤晒黑，并导致脂质和胶原蛋白受损，引起皮肤的光老化甚至皮肤癌。其作用缓慢持久，具有累积性，故又被称为“年龄紫外线”。它不受窗户、遮阳伞等的阻挡，即使阴天下雨也不受影响。要是长波紫外线休上一亿年长假，那我们就感激涕零了。

UVB 区，中波紫外线，约占 80% ~90%。它可到达真皮层，使皮肤被晒伤，引起皮肤脱皮、红斑、晒黑等现象，但它可被玻璃、遮阳伞、衣服等阻隔。所以遮阳伞还是很有效用的。

UVC 区，短波紫外线。它不能到达地面，因为它在通过臭氧层时已被吸收。可惜由于人类自身的原因，臭氧层已经出现漏洞，希望哪天可以像电脑一样，给臭氧层也更新打补丁。

据有关资料显示，普通人晒 5 000 小时才会引起皮肤癌，但这个日晒时间不仅仅是指夏季阳光的暴晒，也包括日常所有与阳光的接触。因此，日晒次数较多，扣分越多，当 5 000 小时都扣完了，把皮肤暴露在阳光下就非常危险了。算算看，你还剩余多少晒太阳的“资本”。

20岁，日常护肤5部曲

想过没有，20岁对于你的人生而言，究竟意味着什么？请你回顾或者展望30秒——咔，请大家转回本节主题。20岁，于人的肌肤而言，正处于发展势头的巅峰状态。20出头的女孩，手如柔荑，肤若凝脂，面若桃花，肌肤富有弹性、柔软并饱含水分，绝对是“上帝的宠儿”。这是由于人体内的骨胶原与新陈代谢率正处于高峰期，肌肤28天的生理周期运转井然有序，使肌肤看上去有一种晶莹剔透感，且不易出现细纹与雀斑。但是，正如日到中天，就会濒临日薄西山的困境。因而，你绝对不能春风得意马蹄疾，轻视一些潜在的肌肤问题。未雨绸缪将预防工作提上议程，比如说开始用眼霜，开始坚持日常护肤五部曲，这样才可能将青春肌肤的优势伸延下去。

据皮肤专家的研究表明，日常有条不紊地完成护肤五部曲，从长期效果上看，可以省出大把的时间和金钱，简简单单做个自在的懒美人。科学证明，完整的皮肤护理必须经过五个步骤，即清洁——调整皮肤纹理——爽肤——均衡滋润——保护。

日常护肤5部曲

Step-1：清洁

不论是从酣睡中醒来的清晨，还是饱受城市空气和紫外线侵害的傍晚，清洁无疑是护肤保养的第一步。尤其是乍暖还寒的春天导致皮脂的分泌不稳定，加上春日风沙、尘埃、花粉等等的刺激，肌肤常常会出现刺痒、红肿、花粉过敏等现象，而对于敏感性皮肤的人，更是雪上加霜。

一些天然植物精华对清洁肌肤可以大显身手。有效的洁肤不但可去除彩妆和日常污垢，还可利用洁面乳中的植物精华促进皮肤的新陈代谢，预防皮肤表层出现的问题。目前市场上多数洁面乳注明适合各种肤质，但这样的全能型洁面乳，就像包治百病的万金油一样，什么都能治，却什么也治不彻底，不同肤质获得的效果肯定不一样。对于中性及混合性皮肤而言，洁面乳最好能起到帮助恢复并保持肌肤水分平衡的作用，而油性皮肤则需要洁面乳做到深层清洁的同时又要保持水油平衡，令皮肤清爽洁净。

Step-2：调整皮肤纹理

也有人将这一步称之为去死皮、脱皮。每到换季时节，空气中的粉尘容易附着在表层皮肤，堵塞毛孔，引起面疱。要克服这些症状，深层除垢并同时补充植物提取的营养成分，对肌肤健康非常重要。每周两次使用富含植物精华的面膜可令肌肤获得额外的呵护，燕麦，绿泥之类的面膜都是不错的选择。

Step-3：爽肤

爽肤可以恢复肌肤表面的酸碱值，并调理角质层，帮助肌肤更好地吸收营养。想要无论何时何地肌肤都能既自然清爽，又能轻松上妆的 MM 们，就要坚持正确使用爽肤水。即用化妆棉沾取含有诸如木槿花、榉树芽胚、榛子提取物等植物精华的爽肤水后，轻轻擦拭脸部及颈部，直到化妆棉上没有污垢及残妆为止。这样不但能平衡肌肤水分，去除多余油质，还能使肌肤澄静明亮。

Step-4：均衡滋润

滋润保湿往往被认为是冬季的护肤课题。其实，干燥的春风，闷热的夏季，同样会带走皮肤中的水分，令其干涩晦暗，甚至出现严重蜕皮症状。由于“滋润”是 5 步护肤法的重点步骤，所以想要摆脱蜕皮，陷入脸部出现白色碎皮窘境的 MM 们，应遵循天然、透气、补水、保湿的原则选用保湿滋润护肤品。什么样的乳液能滋润保湿，又不显油光呢？专家建议选择润肤乳液。因为乳液含水量比乳霜高，可长时间保持肌肤滋润柔软，使肌肤倍感舒适，有效帮助肌肤时刻处于理想的水润健康状态。为讲求天然健康，同时确保将化学成分降到最低，目前的润肤乳液普遍流行从植物中萃取精华加以提炼。

Step-5：皮肤防护

皮肤是机体的天然屏障，最易受到干燥气候和环境的侵害。所以如果以为完成了滋润步骤之后就做好了肌肤基础保养，那就错了！作为 5 步护肤法的最后一步，隔离霜的使用能彻底让你的肌肤看起来完美无暇，更能为肌肤保驾护航，免受环境有害物质的伤害，使化妆轻而易举，再也不会上妆起皱。

如果岁月只增长心智，并不捆绑皱纹，该有多好！可惜，红颜难逃岁月无情手，自然规律不可违啊。不过有时人定胜天，坚持护肤五部曲，拖缓肌肤衰老的脚步，延长 20 岁的肌肤状况还是可以期盼的。毕竟，人是万物之灵长，宇宙之精华，自有智慧来应对的嘛！

【懒美丽贴士】

身处不同地域的皮肤护理

1. 光照强、风沙大的地区：要进行深层清洁，防晒保护以及预防皮肤过敏。

2. 干燥地区：注意保湿，保护皮肤免受寒冷，干燥；适当进行按摩，促进血液循环；使用滋润保湿系列产品。

3. 多雨、曝晒的地区：保持皮肤清洁和干燥，应使用控油产品加强防晒和补水，同时注意美白。

4. 寒冷地区：关键在于促进血液循环和新陈代谢，应选取滋养、保湿系列产品，为失去张力的皮肤补充水份和营养。

痘痘意味着青春吗？

不知道为什么让人深恶痛绝的痘痘却被冠以“美丽青春痘”的说法，好像痘痘是青春的副产品和专利一样，估计国外的痘痘就无此雅称了。其实青春痘在现代医学上被称为痤疮，也被称为“肺风粉刺”，“壮疙瘩”等，是由于患者的皮肤代谢活力下降，不能进行正常的新陈代谢，致使皮肤细胞得不到充足的营养，不能进行正常的物质交换，从而导致皮肤的皮脂腺分泌失调，大量的皮脂堆积在皮肤表面，不能清除，使皮肤出现炎症，从而形成痤疮（青春痘、粉刺）。痤疮不仅有碍美观，也不利于皮肤健康。痘痘唯一能和青春攀上关系的，就是这种症状多见于青春期的少男少女。但试想，一张如黄土高坡般沟壑不平，或如南方山地般层峦叠嶂的脸，能与浪漫多姿的青春划上等号么？

造成青春痘的有三大常见原因：皮脂腺分泌过盛、毛囊过度角化阻塞和细菌增生造成发炎。西医说，青春痘（痤疮）的病因很明确，是由厌氧性痤疮丙酸杆菌感染引起，但它是多因素的疾病。中医认为，面鼻及胸背部属肺，青春痘因肺经风热阻于肌肤所致；或因过食肥甘、油腻、辛辣食物，脾胃蕴热，湿热内生，熏蒸于面而成；或因青春之体，血气方刚，阳热上升，与风寒相搏，郁阻肌肤所致。而紧张、焦虑等情绪及睡眠不足也会加剧内分泌失调，引起痤疮。此外，爱美的 MM 患痘痘的风险更高。因为化妆品会引起毛囊口堵塞，所以晚上一定要完整的卸妆。闺房小提示：女孩月经前期受荷尔蒙的影响，在月经前期或月经期间，脸上偶尔会冒出一些小痘子，月经过后就会自然消失。因而碰到这种情况，MM 们无需太过花容失色，这些痘痘会来也匆匆，去也匆匆的。

而青春痘生长部位的不同，也是大有学问的。

前额：代表心火旺、血液循环有问题，可能是过于劳心伤神；亦代表肝脏排毒功能不佳，估计体内积聚了毒素。这个时期的你可能心情欠佳，脾气不大好，此时就要多睡觉，多喝水，少饮用酒精类饮品。美容专家指出，泡一壶杭白菊茶，可以有效遏制额头痘痘，还有助于清热解毒，对呼吸系统疾病及呼吸系统敏感亦有帮助，真可谓一箭多雕啊！

鼻梁：怕是脊椎骨出现问题啦，赶紧去医院检查检查。除此之外，油脂分泌过盛、缺水也都是主要因素。多喝清水，多吸收维生素 B2、B6 也可使症状得到改善。或在一盘热水里滴入 2 滴洋甘菊精油，先蒸脸 3 分钟，待水冷后用来洗脸，会改善鼻子油脂分泌过盛的烦恼。

鼻头：长在鼻头处，是胃火旺，暗示消化系统有异常。若长在鼻头两侧，就可能与卵巢机能或生殖系统有关，最好去拜访医生。

鼻翼：新陈代谢不佳，鼻翼附近会出现黑头、干纹和皮肤破裂。你只需用婴儿油或加一两滴洋甘菊精油按摩，就会有很好的效果。

脸颊：可能是肺部功能失常。吸烟者经常出现双颊浮肿、毛细血管爆裂这些现象，就是因为皮肤含氧量不足之故。解决方法？戒烟吧！

嘴唇：嘴唇脱皮、冒痘痘、溃烂等现象表示你需要多吸收维生素 B2 或复合维生素 B 了，各大药店均有销售哦。

嘴角：嘴角爆裂或许与铁质不足有关，吃苹果、猪肝和含铁的食物都是不错的选择。

下巴：表示肾功能受损或内分泌系统失调。女孩子在下巴周围长痘痘很可能是因为月事不调引起的。

胸前及背后：胸前与背后的皮脂腺分布数量仅次于脸部，因此有些人虽然运气好不长在脸上，但这不代表你可以高枕无忧。胸前及背部有痘痘的 MM，对那些低胸露背的衣服只能望洋兴叹啦。治疗方案与脸部青春痘一样，需要视程度轻重而定。可使用外用药物涂抹或加上口服药物，双管齐下，同时也可以进行果酸换肤改善毛孔阻塞现象及痘疤、色素沉着等情形。最好选择透气性好的衣服，避免出汗过多。

相信看书的 MM 们多多少少有过长痘痘的经历吧，当然，这个经验是越贫乏越好啊！有时候正好要参加一个重要的 Party，痘痘却非常不识相地跑来凑热闹，一颗或者几颗红红的痘痘非常大煞风景，而要它孕育——成熟——蒂落，却是漫长无比的等待过程，而按照秘方中的祛痘步骤，又远水救不了近火，无敌的青春怎能容忍痘痘来扫兴？怎么办？有个偷懒又瞬时见效的下策——挤！对，就是硬挤，强制执行！不过挤也是很讲究的，下面教的就是如何挤痘不留痕的秘招哦。按捺住激动，慢慢看。

准备工具：柔软角质化妆水、青春棒、拔粉刺面膜、夹眉毛小夹。

1. 挤痘痘前，手要清洗干净，器皿最好消毒。虽然没有医院那么严格，但要为自己的美丽负责。最好敷角质面膜，让角质层变得柔软，痘痘更容易挤出。不过，有发炎的痘痘的话去角质时记住绕开它。洗脸后，要挤痘痘的地方什么都不要抹，尤其不要用收敛性化妆水，那会让毛孔收缩，更难挤出痘痘。

至于要用的青春棒，先要用酒杯精或化妆水消毒干净。用青春棒挤痘痘时，所接触到的范围较小，不会影响或伤害到痘痘旁边的正常皮肤。但刚开始使用时，可能会不顺手，而且有些人用完青春棒若是忘记清洁，挤出痘痘后留在上面的脓再蔓到下一颗痘痘上，就得不偿失啦。

2. 先擦柔软角质化妆水，挤痘痘更容易。对付冥顽不化的顽强粉刺，先擦柔软性角质化妆水，你会发现挤起来特别容易，就像拔除粉刺面膜时，一定要用软化角质的美容液一样的道理。

3. 用手挤痘痘，先拿面纸包住手指，不过露在空气中的面纸还是有污染的危险，所以，建议你抽取面纸时，选下面的第二张比较安全。如果要用青春棒挤时，要记得挤粉刺是用洞较小的那头，看起来像铁线绕成一圈的形状；挤痘痘则用洞较大的那边，看起来较深，圆圆凸进去的样子。挤压时，只要把痘痘开口放在圆圈中间往下按压，或慢慢移动，直到洞口碰到铁线边边为止就可以了。如果一下子挤不出来，可能是方向不对，可转个方向试试。

4. 另外，不少人挤痘痘时，不能拔起所有的粉刺。其实，拔完粉刺后，你会发现许多粉刺没被连根拔起，这时候你只要拿出夹眉的夹子，利用角角的地方，把跑出一小段的粉刺夹出来，那粉刺就真的是被斩草除根了。

挤痘有点痛吧？可青春不需要它的陪伴，就必须铲除它，绝不手软。挤痘成功，千万别得意忘形，还要涂点消炎的东东盖住伤口，痘痘隔天就果真不见了哟！

不过，如果你发现，粉刺和痘痘都到了可挤的程度，还无法轻易地挤出来，建议你不要太“暴力”，还是乖乖地擦药，让其自然老死吧！

人体衰老竟与吸氧有关

“衰老”是所有懒女孩最最厌恶的词汇。任何场合、任何时间，只要听见这个晦气的词都会眉头紧皱。古今中外，上至皇后娘娘，下至白领姐姐，几乎每个女人都曾忠心耿耿致力于防衰老事业。能不能不衰老？想必一定是女人们最想向天发问的问题。

我们能不能不衰老？很抱歉，目前的答案还是NO。事实上，科学家们一直在进行人体衰老的研究。很早之前，他们就已经找到了导致衰老的相关因素。但是对于引起衰老的最根本原理，则是近十年才被获知的。可以说，生于此时的我们是幸福的，因为解开衰老之谜的钥匙第一次距离人类如此之近。

科学家们通过大量的研究和观察，发现人体衰老是由于体细胞不断受到一种叫做“氧自由基”的化学离子的攻击而发生的。随着年龄的增加，这种攻击会不断增加和累积，当这种攻击的累积达到细胞生理的临界程度时，便产生了老化性疾病，例如心脑血管病、免疫功能降低、癌症、大脑和神经功能障碍等，最终导致死亡。科学家们最后的结论是：氧自由基对人体细胞破坏的累积，是引起人体衰老和老年性疾病的主要成因。

停停！不耐烦的你开始嚷嚷了：科学家的语言如此绕口，那个恐怖的“氧自由基”究竟是什么呢？它到底是怎样导致人体衰老的呢？简单地说，人体为了生存需要，必须不断地从外界吸收氧气。吸入的氧气经过肺循环，进入血液，再通过血液循环被送到身体的每一个细胞。进入细胞的氧气在细胞内一个叫做“腺粒体”的结构中进行“燃烧”反应，并且释放能量，供给细胞利用。在这个氧气“燃烧”的过程中，同时释放出来一种叫做“氧自由基”的“恐怖分子”。它们的化学性质极不稳定，必须从别处“掠夺”一个电子据为己用。因此，这种氧自由基到处“侵略”、“抢夺”，对细胞其他成分进行氧化性“攻击”，这就造成对细胞结构的严重破坏。人年轻时，人体细胞自有一套生物酶系统，可以自制抗氧化物来对抗氧自由基的破坏，而中老年后，这种对抗能力逐渐减低，氧自由基的这种破坏活动便变本加厉，于是衰老和老年疾病就发生了。

这下大家明白了吧？科学告诉我们一个令人绝望的答案。说得直白一些，只要人吸入氧气，就会衰老，吸氧气的年头越多，衰老的程度也就越大。

除了氧自由基这个罪魁祸首，人体衰老还和中枢神经系统、心理情绪、营养状态、生活习惯、自身免疫力等因素有关。既然人体衰老与氧自由基的破坏密切相关，那么，设法减少氧自由基的生成也就成了我们抗拒衰老的关键所在。幸运的是，科学家们在这方面已经给我们支出了不少妙招。

使氧自由基减少的经典四法

1. 找个低氧的环境

专家们通过对人类长寿地区分布情况的研究意外的发现：长寿人群常分布在一些山区，基本上海拔 1 500 ~ 1 700 米左右，那里空气氧含量比平原地带要低。根据氧自由基学说，人的生存环境中氧的密度越高，产生的氧自由基就越多，人衰老就越快。基于这一理论，近年来世界上不少国家纷纷建立高山疗养院或地面低氧治疗室，以低氧空气防治某些疾病和增强体质。

先别一冲动就立下雄心壮志要移居西藏哦！也并非是越缺氧越有益于健康长寿。人们都知道，长期居住高原的人易早老、早衰。专家们经过研究证明：海拔越高，缺氧越严重，机体清除氧自由基的能力也越差，人体内氧自由基增多的情况越明显。这是造成高原人人体组织与功能受损的重要的因素之一。

2. 吃准食物抗氧化

吃能抗衰老，对于懒女孩们可是个大福音。不过，关键在于选择吃什么。维生素 E 和维生素 C 都具有较强的抗氧化性能，尤其是维生素 E，它有较强的捕捉自由基的功能，并使其还原，终止连续反应。此外，微量元素硒也有很好的抗氧化性能。这些物质都是过氧化脂质的“克星”，有利于延长细胞寿命。豆、蛋、鱼类和植物油中，都含有丰富的维生素 E；各种有色蔬菜、瓜果中，都含有大量的维生素 C；大蒜除有较强的杀菌作用外，还含有较多的硒。经常食用这些物质，都有一定的抗衰老作用。

3．烈日炎炎避着点

懒女孩们，现在你又多了一个少出门的理由哦！专家们研究证明，自由基的产生和阳光过度照射也有一定关系。因此，阳光虽对一切生物的生存、对人体的发育、骨骼的生长、神经系统的发育等具有不可或缺的作用，但过度地接受阳光照射，对人体健康是有害的。除了高强度、长时间的阳光曝晒易使人患皮肤癌外，它能够促进皮肤老化已成为事实。因此，抗衰老专家认为，日光浴应适可而止，不宜大力提倡，尤其是夏天应尽力避免阳光曝晒。

4．吃颗现代“不老丹”

现代的科学家们也在努力炼出让人不衰老的仙丹妙药。目前，国外大多从植物中提取过氧化物——歧化酶（SOD），用于治疗自由基的产生。我国国内也根据中医脾肾学说理论，经多年动物实验和临床验证，研究出了应用中药健脾益肾激发人体本身产生抗体，从而达到对抗自由基损伤的方法。吞一颗这样的“仙丹”对于怕衰老的懒MM们应该是最有效的途径了。

学会拯救各类问题的毛孔

每次去选购护肤品，柜台小姐总会不厌其烦地介绍这个产品可以收缩毛孔，那个可以去除黑头之类的。各式各样的护肤品上也会神秘兮兮地着重标注收缩毛孔的功效。我们经常看到，海边和沙漠地带的人的皮肤看起来会比较粗糙，因为这些人的毛孔一个个清晰可见。而屏幕上明星的脸如同瓷器一般，根本寻觅不到毛孔的踪迹，令人眼馋不已。但究竟什么毛孔可以真正收缩，又当如何收缩，毛孔收缩有什么作用呢？估计大家只知毛孔粗大影响美观，而不知毛孔的身世背景，懒美人讲究的就是效率和效果，照例先探探毛孔的前世今生再定对策。

大家知道，人的肌肤并不是堵密不透风的墙，上面有无数个细小的毛孔，是可以自由呼吸的。按照专业说法，毛孔就是毛囊口。它是毛囊和皮脂腺的共同开口，具有特定的生理功能。在显微镜下，奇奇怪怪的毛孔形状能被清楚地观察到，不同的形状又代表着不同的皮肤状况。等我们对自身肌肤的毛孔有了准确的判断，就可以“对症下药”拯救毛孔，从此轻松摆脱那些专柜销售和产品介绍忽悠。

【懒美丽贴士】

就地取材快速收缩毛孔

1. 冰敷。把冰过的化妆水用化妆棉沾湿，敷在毛孔粗大的地方，可以起到不错的收敛效果。

2. 毛巾冷敷。把干净的专用小毛巾放在冰箱里，清洁腿部后，把冰毛巾轻敷在腿上几秒钟。

3. 用水果敷脸。西瓜皮、柠檬皮等都可以用来敷脸，它们有很好的收敛柔软毛细孔、抑制油脂分泌及美白等多重功效。

4. 柠檬汁清洗。油性肌肤的人可以在清水中滴入几滴柠檬汁，除了可收敛毛孔外，也能减少疱疹的产生。(注意不可太浓)

5. 化妆棉+化妆水。事先准备1小瓶无油化妆水再装上化妆棉，一小时后，用化妆棉喷上化妆水轻拭出油的部位，对于毛孔粗大的你来说是清爽又有效的。

6. 鸡蛋橄榄油紧肤。将1个鸡蛋打散，加入半个柠檬汁及一点点粗盐，充分搅拌均匀后，将橄榄油加入鸡蛋汁里，使两者混合均匀。平日可将此膜储存在冰箱里，一周涂1~2次就可以让肌肤紧实，可以很好地改善毛孔粗大现象，使皮肤光滑细致。

皮肤杂症知多少

漫画里长着雀斑的小女孩都非常讨人喜欢，你看，樱桃小丸子两颊就长有很多可爱的小雀斑。可是，如果在现实生活中长着满脸雀斑，相信没有一个女孩会因此而自豪。真不公平啊！为什么现实生活中的雀斑就那么让人头疼呢?

按照专家的说法，色斑就是与周围颜色不同的斑点，包括雀斑、黑斑、黄褐斑和老年斑等，对了，据说还有妊娠斑，这些都属色素障碍性皮肤病。色斑形成的原因比较复杂，主要原因有污浊的空气、强烈的紫外线和劣质化妆品等，这些因素的刺激会使自由基的活性增强，自由基在攻击和破坏细胞过程中，致使细胞大量死亡和代谢紊乱。而雀斑的形成主要是由于皮肤表皮基底层的黑色素细胞生成的黑色素过多所致。黑色素来源于奶酪等食物内所含的酪氨酸。在体内酶的作用下，酪氨酸转化成二羟苯丙氨酸，然后氧化，生成促黑激素，当促黑激素由于某些原因增多时，就可引起色素代谢障碍，出现皮肤雀斑。雀斑通常在5岁以后出现，具有一定的遗传倾向，女性由于雌激素的原因，长雀斑的概率也比男性高。头晕了吧，简而言之，色斑的形成既有先天的遗传，也有后天的不良生活习惯所致，而且这些诸如雀斑之类的色斑一旦出现就很难祛除，它藏在皮肤里层，很难将之连根拔起。据最新的研究表明，这个可恶的雀斑和油盐有很大的关系，食盐过多的人容易出现肌肤粗糙发黑，经阳光暴晒后更是明显。

雀斑多了是盐的“功劳”

法国有句俗语：“美女生在山上，不生在海边。”原因是住在海边的女性平时摄入的盐相对较多，所以皮肤很容易长出皱纹。专家解释说，食盐以钠离子和氯离子的形式存在于人体血液和体液中，它们在保持人体渗透压、酸碱平衡和水分平衡方面起着非常重要的作用。而如果吃盐过多，体内钠离子增加，就会导致面部细胞失水，从而造成皮肤老化，时间长了就会使皱纹增多。当然，海风的侵蚀，也容易使皮肤变得粗糙。

女性吃盐过多不仅会造成高血压，还会直接影响人的容貌。要想皮肤好，比较科学的方法是多喝水，帮助皮肤排毒，另外每天盐分摄入量不要超过6克。因为吃得咸的人血液总量会增加10%～20%，对心脏将产生很大的压力。很多人都知道高血压患者平时饮食太咸是一个重要原因，此外，胃病与吃得咸淡也有关系，盐能破坏胃黏膜的保护膜。还有盐摄入越多，尿中钙的排出量就越大，极易发生骨质疏松甚至骨折现象。

若同时摄入动物性脂肪和蛋白质过多，则会影响肝脏正常代谢而使雀斑更显眼。有关研究证明，正常面孔变成红面孔，其中一个很重要的原因是摄取动物性脂肪和蛋白质过多。

不过，再难的疑难杂症都是有办法解决的，而且效果还相当显著。有关专家说：“雀斑是一种比较难治的皮肤病，跟遗传、内分泌有很大关系，一般的药物治疗、化妆品祛斑都难以达到根除的目的，所以也没必要进行药物治疗。对于雀斑的治疗，最有效的方法就是激光祛斑。即使这样，经过一段时间之后，雀斑还是会重新长出来，但是相比其他的方法，这是可行并且效果明显的方法。”

因此，皮肤专家建议采取保护措施，避免雀斑加重。防止雀斑加重，要避免日光照射，春夏季节外出时应戴遮阳帽，涂防晒霜，不宜滥用外涂药物，以免伤害皮肤。对于青春期的少男少女，规律的作息、愉悦的心情，有助于防止雀斑加重。此外，合理的饮食和营养也可防止雀斑加重，多补充维生素E，可起到祛斑的作用。

【懒美丽贴士】

减淡雀斑的每日小偏方

1. 将鲜胡萝卜切碎挤汁，取10～30毫升，每日早晚洗完脸后涂抹，待干后，洗净。此外，每日喝一杯胡萝卜汁，可美白肌肤。

2. 将柠檬汁搅汁，加糖水适量饮用。柠檬中含有大量维生素C、钙、磷、铁等。常饮柠檬汁不仅可美白肌肤，还能使黑色素沉淀，达到祛斑的作用。

3. 每天喝一杯西红柿汁或常吃西红柿，对防止祛斑有较好的作用。因为西红柿中含有丰富的谷胱甘肽，谷胱甘肽可抑制黑色素，从而使沉着的色素减退或消失。

4. 洗脸时，在水中加1～2汤匙的食醋，有减轻色素沉着的作用。

5. 每天吃一片维生素C和维生素E，可起到祛斑的作用。

6. 用干净的茄子皮敷脸，一段时间后，小斑点就不那么明显了。

了解皮肤生物钟

钟，太熟悉了！生物钟，MM们都不陌生吧？皮肤作为身体的一个重要组成部分，相应的也有生物钟哦。温故知新也好，知识扫盲也罢，首先还是来简单了解一下何谓之“皮肤生物钟”。

众所周知，皮肤是人体（体表）最大的器官，其结构是相对稳定的。而一天24小时中人体的各项机能在不停地变化着，同样的，我们的皮肤也像只不辞辛苦的蜜蜂一样，随着人体机能的不断变化而呈现规律变化，这种变化被冠以“皮肤生物钟”。根据医学专家的研究，人体的新陈代谢活动在晚上11时至凌晨5时处于最低水准，尤其在熟睡时呼吸心跳次数减慢，血液流速降低，大脑耗氧量减少，肾上腺皮肤激素（即荷尔蒙）分泌量减少。但脑垂体分泌的生长激素大量增加，此时细胞生长和修复最为旺盛，细胞代谢峰值增高，细胞分裂速度比平时快7~8倍，因而肌肤对营养性护肤品的吸收力加强。上面这段话语是不是很专业啊？别挠头，且听细细道来。

领军出征忌讳长线作战，护肤大战也一样。摸清皮肤生物钟一天内的活动规律和各时段状况，再制定目标、同步对策绝对是百分百的事半功倍，即使我们再懒再lazy，也可以频频吹响胜利的号角，让肌肤时刻处于最佳状态。接下来，各单位各部门注意，参照皮肤生物钟特征，大家按部就班地开始护肤大战了！

5：00~7：00　清晨肌肤形势123：

1. 皮脂腺油脂分泌工作持续了一夜，此时已经溢出肌肤，在皮肤表面形成一层油膜（当然不是可食用的植物油，也非能引起世界大战的石油啦）。

2. 淋巴循环和血液循环缓慢，水分容易聚集在细胞内，无法代谢掉（原来工作速度慢在哪儿都惹人嫌啊）。

3. 肾上腺皮脂素在凌晨开始分泌，细胞的再生活力在此时降到最低水平（蓄势待发之中）。

清晨护肤攻略ABC：

A. 清洁是唤醒肌肤的首要步骤，用冷热水交替敷面，轻轻唤醒睡梦中的肌肤细胞，就像唤醒童话中沉睡的睡美人。记得使用性能温和的洁面乳，因为油脂啊、汗液啊和空气中漂浮的灰尘、固体小颗粒附着在皮肤表面，他们可不是心甘情愿被几捧清水就轻易打发掉的。

B. 早晨的镜子是不是有点像哈哈镜呢，你是不是经常发现自己的眼部甚至全脸都有轻微的浮肿。别担心，这可不是发胖的迹象，这些都是由于淋巴循环缓慢，无法吸收过多水分引起的。此时，你可以用小冰袋或废弃的茶叶包轻敷眼周肌肤，让皮肤迅速排除水分。之后，再使用具有紧致效果的眼霜轻轻按摩眼周肌肤，增强眼部血液循环，收紧肌肤。

C. 强调一句：一日之计在于晨。早晨的保养要应付一整天中皮肤所承受的外界和内部压力，肌肤的防护重要性不可小觑。

8：00~12：00　上午肌肤状况123：

1. 皮肤组织抵抗力最强，皮脂腺分泌也非常活跃，油脂分泌增多

（肌肤的工作热情高涨啊）。

2. 表皮细胞新陈代谢速度提高，表皮细胞分裂更加迅速，角质堆积多从这一时间段开始（一切迈入正常工作轨道）。

3. 肌肤的机能动作在这个时间段逐渐达到了最高峰（同理，上午出门办事效率也是最高的时候）。

上午护肤攻略ABC：

A. 保湿。保湿，上午的重头戏，千万别忘了T区、眼周和唇角这样的细节部位。有些MM只用化妆水，殊不知这样会让皮肤更干，因为化妆水蒸发时，会偷偷将肌肤底层的水分顺手牵羊牵走的。

B. 太油的保养品，若没有透过角质层水分子的监督辅助，很容易赖在肌肤表面停留不前，渗透力大大减弱。因此，保湿一定要双管齐下，“先洒水、再封油”，就像烹制美味的贮藏食品一样。如果室内空气清新沁人，并且湿度适宜的话，那就无懈可击啦。

C. 此时皮肤新陈代谢运转速度提高，且皮肤抵抗力增强，一些脱毛啊，文刺之类的美容项目可以选择在此时段进行。

12：00～15：00　中午肌肤状况123：

1. 血压及荷尔蒙分泌降低，身体逐渐产生倦怠感，皮肤易出现细小皱纹，营养和水分有所缺失（能量损耗加剧）。

2. 肌肤对含高效物质的化妆品吸收力特别弱（肌肤也会厌食）。

3. 此时肌肤的需氧量提高，处于一天之中最脆弱、压力最大的时候（类似于人生的“牛马期”）。

中午护肤攻略ABC：

A. 此时补充再多再好的营养也不会被充分吸收，就像中午浇花效果不明显一样，我们能做的就是加强防护。维生素E、维生素B等抗氧化成分的防晒产品是最佳的选择，均匀蘸涂一层，防护的同时还可抗击肌肤氧化。

B. 轻轻用指腹按摩肌肤几分钟。分别在太阳穴、内眼角、鼻翼两侧和嘴角下方深按下去5秒钟后，缓慢抬起。最好在按下时呼气，抬起时吸气，均匀的深呼吸会使按摩效果更佳。

C. 此时一切美容活动暂且搁置。

15：00～20：00　下午肌肤状况123：

随着微循环的增强，血液中含氧量提高，心肺功能特佳，胰腺在此时十分活跃，总之一句话：肌肤处于吸收营养的黄金档时段。（万事具备，只欠你的护肤东风）

下午护肤攻略ABC：

A. 薄薄的一片面膜，既便捷又最能给肌肤补充养分，何乐而不为呢？注意：使用棉质面膜的时候，记得从下往上贴附于面部肌肤上，并辅以指腹轻轻按压，有利于营养液与肌肤的最亲密接触。

B. 结合有氧健身运动、蒸汽浴等，令体内毒物随汗水排出体外，肌肤对美容品的吸收将更快更好。

C. 此时也可以根据皮肤的需求，去专业的美容机构做保养。

20：00～23：00　晚间肌肤状况123：

1. 微血管抵抗力衰弱，血压下降，人体易水肿、流血及发炎（工作了一天，太累了）。

2. 微循环量陡增，晶体渗透压增加，血糖升高（通俗讲来，就是肌肤的抵抗力处于一天中的低谷期）。

3. 此时段肌肤最容易产生过敏反应（敏感性肤质的女孩尤其得注意啦）。

晚间护肤攻略ABC：

A. 此时只需洗尽铅华，重现自然风采。用卸妆乳液或卸妆水卸除肌肤上积累的污垢，并用化妆棉蘸着化妆水做二次清洁。

B. 晚间10：00～11：00点间得进入晚间保养状态。这段时间身心放松，一切悠哉悠哉，也是肌肤吸收养分的好时机。晚霜和精华要在清洁后及时补充，让皮肤在睡眠前补充足够的水分和养分。

C. 此时不适合密集保养项目。

23：00～次日5：00　夜间肌肤状况123：

临睡时至次日凌晨，按照生物学说法：皮肤细胞逐渐进入高速复制的生长状态，其分裂速度是平时的6倍以上（肌肤对养分吸收率特别高）。

夜间护肤攻略ABC：

A. 可使用富含营养物质的滋润晚霜，使保养效果发挥至最佳。

B. 睡觉时涂上较厚一层护唇膏，清晨时柔软娇润的双唇会给你一个小惊喜。

C. 25 岁以上的 MM 们更要充分利用这段护理时间，做只小懒猫，早睡是王道。

如何知晓肌肤年龄

正在专注看书的 MM，打断一下，中学时读的英语课文是不是都原封不动地还给老师啦？相信所有 70 后和 80 后的 MM 都会记得英语书中的一段对话：一个稚嫩的中国小女孩问一位年长的外国女士："How old are you?" 年长女士神秘兮兮地回答道："Oh , it is a secret."（这是个秘密）。的确，随着豆蔻年华的渐行渐远，对于"芳龄几何"的提问，如今，东西方女孩几乎都会斩钉截铁地答曰："Sorry , it is a secret."

先教科书式的啰嗦一下，温习一点小常识。依据现有的分类，除了实际年龄，人的年龄还可分为生理年龄、心理年龄和纹理年龄三种。生理年龄即我们通常所说的户籍年龄，是指一个人生理学上的年龄，代表这个人的生命活力。生理年龄的高低，主要取决于人的生活方式和健康状况。心理年龄，则以一个人呈现的精神状态和内心思想动态作判断依据，指人的整体心理特征所表露的年龄特征，也代表一个人心理成熟的程度，"老顽童"、"少年老成"就是依此得来的。而皮肤纹理年龄实际上就是外观年龄，与实际年龄会有较大的偏差，保养不当者看上去"未老先衰"，有点惨兮兮……当然，也有人见人羡的"不老妖精"。

而所谓皮肤纹理，通俗说来就是皱纹啦，想要揭开对面那个 MM 的年龄秘密么？观其皮肤状况绝对是一主要参考物哦！可惜，如果你碰上善于"伪装"肌肤年龄的 MM，譬如"不老神话"掌门人——赵雅芝，这条线索肯定是水中月、雾中花啦。为了保护肌肤年龄这个绝对机密，有人为之终日惶惶不安、牵肠挂肚。懒惰的你既想悠哉悠哉，又想骗人不打折，怎么办？经验丰富的皮肤护理专家告诉我们：皮肤的均衡在于水合物、蛋白质、维生素、微量元素、矿物质、抗菌素（保证皮肤表面防疫能力的细菌群）、脂肪体以及天然过滤网多种因素的调和，调和得当可以有效阻止肌肤年龄的增长步伐，换句话说，就是可以让外观年龄狠狠地打个折扣哦。

聪明的你肯定知道，准确掌握自身肌肤年龄状况，才能对症下药，各项击破。《孙子兵法》都说："知己知彼，百战不殆"嘛。那么，集中注意力，先做个肌肤年龄测试。

现在的MM们都喜欢泡韩剧，因为里面有很多肌肤如瓷器般完美的氧气美人！为投其所好，我们特别为MM们奉上一个韩国人气指数超高的肌肤年龄测试。测测吧，反正只需轻轻转动你的美眸，而且答案只有你知道。

你的肌肤年龄是多少？（按每个分类回答相关问题后，计算括号里的相应分数）

1. 护理皮肤习惯。

①每天早、晚洗脸后，立刻仔细地护理皮肤。（-3分）

②一周最少做1~2次面膜、按摩。（-2分）

③偶尔疲劳时不卸妆就直接睡觉。（+2分）

④长痘痘时会用手扣或挤。（+3分）

⑤洗脸时用力搓脸。（+3分）

在护理皮肤习惯的问题上，您得的分数是（ ）分。

2. 饮食习惯。

①比起咖啡、碳酸饮料，更喜欢绿茶或植物型饮料（-2分）

②常常吃水果、蔬菜，或者比较注重营养均衡，喜欢健康食品。（2分）

③便秘或有肠炎。（+2分）

④饮食不规律或偏食。（+2分）

⑤不通过运动，而是以减少食量或不吃的方式减过3公斤。（+2分）

在饮食生活习惯的问题上，您得的分数是（ ）分。

3. 工作压力和环境。

①外出时一定涂抹防晒霜或戴上帽子，撑太阳伞。（-3分）

②每天平均20分钟以上的时间用于做瑜珈、冥想或做伸展操等放松身体和精神。（-2分）

③度假时没涂防晒霜皮肤被晒伤（+2分）

④工作或居住的地方空气不好。（+2分）

⑤本人吸烟或和吸烟的人每天一起生活。（+2分）

在工作压力和环境的问题上，您得的分数是（ ）分。

4. 荷尔蒙和均衡度。

①即使是换季或冬季，皮肤也不会特别干燥或起皮。(-3 分)

②我的生理周期从 21 岁以后比较稳定（间隔 2 天）。(-2 分)

③一定在夜里 12 点之前睡觉，每天平均睡眠时间为 6 ~ 8 个小时。(-2 分)

④月经之前脸上会明显长痘痘。(+3 分)

⑤稍微疲劳或有压力，脸色会很不好。(+2 分)

在荷尔蒙和均衡度的问题上，您得的分数是（　）分。

5. 天生的皮肤状态。

①20 岁左右就听到皮肤好的话。(-3 分)

②初、高中时期长很多痘痘。(-2 分)

③皮肤属于油性皮肤，且长过很多痘痘。(-2 分)

④皮肤属于严重的干性皮肤或很敏感。(+2 分)

⑤父母的皮肤比实际年龄老 3 年以上。(+2 分)

在荷尔蒙和均衡度的问题上，您得的分数是（　）分。

看到这表示测试已顺利完成，辛苦了，麻烦将各项所得分数统计一下，再重振旗鼓看下面的结果吧！

肌肤年龄及自救妙方

-15 分以下：完美平衡。

代表银河系秘书长恭喜你，你可暂时高枕无忧啦！因为你的肌肤年龄比实际年龄要年轻 10 岁哟。如果你有时间和兴趣的话，可以考虑做个世界巡回研讨会，向世人传授一下你的护肤秘笈。普度众生，功德无量！

你的美丽小处方（也许是画蛇添足）：

早晨：

洁肤、扑上水后，用点防晒指数较弱的防晒产品（最好是矿物质的），在颈部及耳垂部位也涂点吧。

晚上：

卸妆乳：选择一款 PH 值为弱酸性的卸妆乳。(如何判断呢？如果眼睛对产品没有刺激感，就说明其 PH 适当）没化妆么？那就省事了，日常清洁就 OK。

爽肤水、面霜（乳液）：用那款最懂你心的就好啦。

一周记得做两次保湿、一次去角质面膜哦（南、北方，冬、夏季适当调整）

-14 ~ -1 分之间：可精益求精。

还是得贺喜哦，你的皮肤年龄比实际年龄年轻 2 ~5 岁。听说过“肤如凝脂”么？只要你乐意，还有上升拓展的空间。

你的美丽小处方（参照“完美平衡”处方，再开点“甜点”）

早晨：

活泉水：洁面后先使用富含锌、硒等矿物质的矿泉水。（薇姿、理肤泉、雅漾等品牌都有这类宝贝）

晚上：

卸妆：不要因为不化妆而忽略此过程，只要你使用了防晒产品，那么晚上一定要用卸妆产品将防晒剂卸干净。

面膜，参考上面啦。

0 ~ +12 分之间：肌肤信号亮黄灯。

Be careful！你的皮肤年龄比实际年龄多出 1 ~3 岁啦。不过你的肌肤状况虽不乐观，但亡羊补牢，犹时未晚。

你的美丽小处方：（在“可精益求精”处方基础上，再加一味药）

早晚各加一道精华素程序。

面膜：每周使用一至两次唤醒皮肤再生的面膜。

+13 分以上的：急救 S. O. S。

呜呜，很不幸的消息，你的皮肤年龄已远远超出你的实际年龄啦！你个人皮肤生态系统处于相当紊乱之中。得好好检讨你的生活习惯啦！不过别泄气，希望还是有的，因为皮肤总是在周而复始地更新，恢复皮肤青春永远不会太晚！

你的美丽小处方：（偷懒的权利被暂时剥夺，乖乖听着）

早晚都需按上面的处方进行清洁和卸妆程序。

如果你的皮质较厚且变得缺乏生气，可尝试酸性的护肤品（如乙醇酸）。有条件的，定期去专业皮肤护理机构进行皮肤去角质或强脉冲光治疗，虽昂贵，效果是超赞的。

如果你的皮肤敏感且泛红，早晚为肌肤补充含微量元素的活泉水。每周敷上两片镇静补水的面膜，时间最好能挺过十分钟，就当闭目养神吧。

如果你的皮肤有严重的色素、色斑，可先在专业皮肤护理机构进行皮肤治疗。此外，早上出门前用点抗紫外线及抗自由基的保护性护肤品，入睡前则记得加抹抗衰老及抗色斑的精华液。

是不是有点麻烦？没办法，想要肌肤年龄变得懒惰，那只好忍痛割爱，牺牲我们些许时间和银子啦。总的来说，值！

懒惰护肤妙招

不止我们想越懒越美丽，那些公认的“美容教主”和“护肤达人”们也有很多美肤的偷懒小妙招哦。毕竟，懒惰的同时实现美肤是所有人一直在上下求索的。还等什么，护肤达人们已经披荆斩棘摸索出一套行之有效的懒惰护肤招数了，赶紧如法炮制吧。

卸妆的偷懒妙招

支招明星：吴佩慈。（台湾最有名的美容达人，也曾经是天王周杰伦的女朋友，她的妙招肯定很专业）

以前使用卸妆油卸妆的时候，有时清理不彻底或者不及时就会诱发一些小痘痘，肌肤变得很敏感，这在冬季是很危险的。所以我在美容专家的指导下，在冬天我就会选用一些乳状或者霜状的卸妆品，把它们涂在脸上，再用化妆棉擦拭即可，既简单又实用，还可以防过敏。

焕肤的偷懒妙招

支招明星：小S。（看她生了baby，皮肤依旧白嫩，身材照样火辣，姐姐更是人尽皆知的美容大王，她的招数一定要看）

“康熙来了”请过一位美容专家当嘉宾，据她说，每个人的睡眠都有个时间频率，在某个自身适合的时间点起床后身体会很轻松，心情也会很愉快；反之，超过或者减少睡眠时间都会使心情烦闷，困意连连。能找到自己的睡眠频率有利于促进肌肤自身免疫修复机能，达到美容的目的。我发现每晚11点睡觉早7点起床会让我心情愉快。坚持了一段时间后，我发现自己的气色很好，皮肤也有光泽了。睡觉美容应该是最大的懒招了吧。

抗痘的偷懒妙招

支招明星：阿sa。（虽然twins已经解散了，但是洁身自爱的阿sa人气指数丝毫未受影响，完全可以独当一面，看看如精灵般可爱的阿sa会给我们支什么招呢?)

现在社会的人大多因为工作繁忙使得精神压力加大，再加上睡眠不足、缺乏运动，很容易上火长痘，尤其是在干燥的冬季。所以，保持快乐健康的心态是冬季去火的关键。养成良好的生活习惯也是对抗“痘痘”的重点，同时干燥季节不要吃太辛辣的上火食品，其实因上火引起的痘痘是可以轻松对抗的。

紧致肌肤的偷懒妙招

支招明星：黎姿。（从《金枝欲孽》、《胭脂水粉》到《珠光宝气》，黎姿的美貌用沉鱼落雁、闭月羞花来形容绝不过分吧。最近又风光出嫁，不知她的先生何时修得的福气，抱得如此美人归。不啰嗦了，赶紧看看她的美容懒方)

俗语说“药补不如食补”，冬季食疗是护肤的一个懒招。我向大家推荐莲藕花生猪脚汤，制作简单而且营养丰富。莲藕、花生、猪脚都是冬季很容易获取的食材，清水作汤煲煮一个半小时即可。莲藕可以清热疏郁；花生可以防治肌肤老化又有醒脑的功效；猪脚蕴含丰富的胶原蛋白，能使皮肤更紧致。

肤色红润的偷懒妙招

支招明星：李嘉欣。（无可争议，她几乎就是美女的代名词了，虽然有“花瓶”之嫌，可是谁家不想有个这么漂亮的花瓶放着养眼。掐指算来，还真有一群美女是陈酒，随着岁月的增加出落得更加优雅、美丽了，李嘉欣和张曼玉就是这种类型的代表。全世界都知道这位大美女名利双收，如意嫁进豪门)

我一直很喜欢运动，每次运动后心情都会很愉快，而且大汗淋漓还能让肌肤变得红润。有很多人认为晨练会很麻烦，尤其在冬季宁愿多睡一会，所以就把运动时间安排到了晚上或者干脆放弃。这样做不但不利于晚上的消化，而且有些女性还挂着日间的残妆去运动，容易使肌肤的毛孔堵塞。其实只要早上抽出十分钟的时间用于运动就足以红润肌肤，要比晚上运动效果好很多。

抗皱的偷懒妙招

支招明星：林志玲。（从一夜成名到红遍大江南北的小乔，曾经一度被称之为“林志玲现象”。除了她倾城倾国的美貌和堪称完美的身材让人惊异造物主可以如此偏心外，她的出道或者说走红年龄也是让人唏嘘不已的。不小的年纪，竟然可以轻松地艳压群芳，林大美女是怎么做到的呢?)

冬季干燥的特性会加速肌肤的老化，面部看起来也会暗淡无光。这时我会在睡前利用简短的时间做一套美容按摩操。方法其实很简单。洁面后，用手指的指腹按肌肤的纹路轻推按摩，力道要均匀，重点是T区、眼角周围以及颈部，可以有效地促进面部血液循环，简化细纹；以螺旋状手法向太阳穴方向按摩，最后在太阳穴位置按压3秒，可减缓疲劳、促进睡眠。

防敏感的偷懒妙招

支招明星：刘亦菲。（神仙姐姐、小龙女、金燕子，各个角色都是如雷贯耳啊，大家闺秀刘亦菲俨然是当今影视界的中坚力量，喜欢看她婴儿肥但是晶莹剔透的脸蛋，不知这位大小姐平时护肤会懒到何种程度）

冬季气候干燥，皮肤变得很敏感，我的肌肤本身就偏干性，在使用一些化妆品后肌肤有时会有过敏的现象，所以能避免使用化妆品的时候我就会避免使用。对于年轻的肌肤来说，本身的修护功能就足够了。除了工作需要外，在平时的生活中我几乎都不会上妆，只是简单的清洁就足够了。所以说，偷懒不化妆也是美容的一种捷径。

保湿的偷懒妙招

支招明星：伊能静。（公认的才女+美女，也是久负盛名的“美丽教主”，很多美容产品因为她的推荐而销量倍增。虽已是一个几岁孩子的母亲，要演青春无敌的美少女还是绰绰有余。正是风姿绰约的年纪，如果和哈林一起永远住在那个美丽的爱情童话城堡中就好了。好像扯远了，看看教主有什么密令）

为了应对冬天干燥的气候，在前一天晚上我都会在床头准备一小瓶淡盐水。第二天早晨醒来以后先喝下淡盐水，再起床。坚持下去，就会发现自己的肌肤不像之前那么干燥啦。淡盐水的制作方法其实很简单，就是100毫升矿泉水加上1克盐。其实冬日保湿并不需要大张旗鼓，像这样的偷懒妙招是很赞的。

防晒的偷懒妙招

支招明星：范冰冰。（绝对的美人胚子，纣王见了如此妲己怎不心神大乱？为博红颜褒姒一笑，我或许也会烽火戏诸侯。哈哈，开个玩笑。总之，英雄难过美人关嘛！那么，怎样才能让英雄在我们面前缴械呢？看看范冰冰的懒招）

现在许多人都知道防晒是四季都要执行的护肤任务。但是冬季气温低，所以防晒的功课可以偷懒成用隔离来完成。一般出门我都会涂上隔离霜，然后戴上帽子口罩以求保暖。同时冬季的紫外线没有夏季烈日下那么强烈，所以这个懒招我很推荐哦。

如何？听了几位大美女的传授，你的收获也不小吧？快将这些偷懒美肤秘招记下来，这可是有“临床实验”、“专家认证”的。

Part 5
“动”使女孩精神焕发

谁说懒女孩的标准姿态是呼呼大睡？谁说懒女孩都是运动白痴？“怠”使女孩青春活力凋谢，“动”使女孩精神焕发。请注意，我们懒女孩虽“懒”却并不“怠”，我们该动则动，在健康运动这个问题上，可是绝对半点也不含糊的哦！

如何征服使身材走样的罪魁祸首

身材走样可绝不是生完孩子的女性和迈入中年期妇女的专利哦！即使你有很好的先天条件，但是却恃宠而骄，身材走样的恶果很快就会降临。如果你本来身材就不完美，那就更得卯劲追上啦！令很多MM为之害怕的不光是肌肤老化，还有令身材走样的三大恶势力———肥胖、橘皮组织和水肿。肥胖和水肿大家都比较了解，对橘皮组织估计比较陌生。今天我们一起来揭开这个恶魔的面纱，抄抄它的罪恶家底。因为一旦被橘皮组织缠上，就很难摆脱它的魔掌。据有关专家声称，橘皮组织正随着年龄的增长向年轻MM悄悄袭来。不信？你看看，每次逢年过节时，MM们都不可避免地暴饮暴食，于是身材像吹气球一样急速胖起来，过完节后再疯狂减肥。就在这一鼓一瘪的短时快速胖瘦间，橘皮组织最容易产生。

橘皮组织在医学上称为蜂窝组织。脂肪细胞变大堆积到真皮层的结缔组织，致使细胞间隙变小，挤压微血管，导致水分及代谢物滞留在脂肪层，于是皮肤表面便呈现凹凸不平、不规则的外观。因其与风干了的橘子皮外观很相似，故又称为橘皮组织。

橘皮组织独爱女性。根据统计，95%的MM身上或多或少都有橘皮组织！造成橘皮组织的成因很多，先天或后天肥胖、快速胖瘦、女性荷尔蒙失调、酗酒熬夜、久坐不运动、过大的压力、服用含有类固醇成分的药物等都会让你的骨盆、臀腿交界和腹部产生橘皮组织。别以为身材瘦就不会被盯上，如果缺乏运动，压力过大，女性体内会积累脂肪以备可能出现的饮食匮乏，于是产生局部肥胖而遭到橘皮组织的“袭击”。

如何脱离橘皮组织？

橘皮组织初期

使用姆指和食指挤压身体的臀部、大腿上部、腹部、髋部等容易堆积脂肪的部位，看看是否产生类似橘皮或凹陷如酒窝状的特征。如果有，就说明橘皮组织已经在你不留神的时候发起“攻击”，并成功“侵占领地”了。

此时的橘皮组织多半是水溶性的，触感相对比较柔软，往往仅限于局部脂肪堆积。要脱离橘皮组织，主要是要改善皮下脂肪细胞血液循环，促进新陈代谢，排出体内垃圾，加快脂肪细胞分解，强健肌肉组织和结缔组织。

1. 饮食：食物的卡路里不要超过1 200千卡。建议多吃些富含纤维素的食物：米和粗粮面包。食盐以及油腻和甜食要少吃。每天至少喝两升水，以便排除体内毒素和废弃物质。一定要喝排除体内残渣的饮料，如绿茶、乌龙茶。尽量少喝咖啡、烈性酒，特别是碳酸饮料。

2. 运动：每天走路半个小时以上，电梯的使用使我们大大减少了运动的机会，为了美丽，偶尔改爬楼梯吧。骑自行车或骑脚踏车，这些积极的运动可以促进血液循环、分解脂肪，能有效摆脱即将成形的橘皮组织。

3. 生活习惯：不要长时间保持一个姿势，许多白领一天下来都是坐在电脑前。不要穿过紧的衣服和鞋子，它们会限制血液循环。每日用冷热水交替淋浴，用浴刷或者硬海绵按摩问题部位，可以改善血液循环。尤其是安眠药和激素避孕药只能在医生的指导下服用。

4. 按摩：每次沐浴后，在脂肪易积聚的部位做身体按摩，建议在按摩时或者按摩后使用具有活血、排毒的按摩霜。

5. 专业手段：使用专业手段需要到正规、专业的机构，并在医生的指导下有选择性地做。

如淋巴引流法：借助于专门的仪器在橘皮组织处排放出停滞的淋巴，改善组织新陈代谢和加快毒素排出。

橘皮组织中期

躺着时身材还算平滑，可站着无需用手挤压便能摸到凹凸不平的脂肪层。此时的橘皮组织已经变为脂肪性，要摆脱就要加点力度了。

1. 饮食：少吃肥肉、油炸类、奶油等高脂肪食物，米饭、面条、馒头等高碳水化合物食物也要有所节制。

2. 运动：对于目的是消除橘皮组织的人来说，不可以一开始使用健身器材就猛增难度。这样，原来凹凸不平的橘皮组织不但不会改善，反而会更严重。以燃烧脂肪有氧运动为主，尽可能消耗身体脂肪的含量、加速血液的循环。像瑜伽、太极拳、普拉提等运动可循序渐进地降低脂肪含量、调整身体的线条。

3. 生活习惯：同上。

4. 按摩：为了有效分解脂肪，应使用富含咖啡因与植物精华如：海藻、绿茶、常春藤、银杏、七叶树等改善新陈代谢成分的紧致产品，这些均是改善橘皮组织的有效物质。

5. 专业手段：使用专业手段需要到正规、专业的机构，并在医生的指导下有选择性地做。

热包扎法：借助各种绷带、包带、缚带包扎发热药物（例如海藻提炼的碘），这种治疗方法可以与各种按摩结合起来。

水疗法：最新的方法，使特殊的凝胶进入脂肪组织深处达11厘米，使血液和淋巴流动正常。

脉搏疗法：安全而又有效的方法，借助超声波破坏脂肪细胞和变形皮肤的皮下褶皱。

拔罐疗法：针对橘皮组织进行罐疗法，刺激沉积的脂肪燃烧。

橘皮组织晚期

由于时间拖得太久，已经“病入膏肓”，此时的橘皮组织已经转化为纤维性，无论是躺着还是坐着都能摸触到明显的皱褶感，且触感比较硬。

1. 饮食：需要适当地节食，减少热量的摄入。尽量食用没有经过细致加工，需要一定时间来消化的食物，如谷类、糙米、麦片、全麦面包等。

2. 运动：有氧运动加上无氧运动。首先是以有氧运动为主，过一段时间后，添加无氧运动，相对减少有氧运动的运动量。

3. 生活习惯：同上。

4. 按摩：此时的纤体产品要求不仅能分解脂肪细胞，还要具有抗氧化的功效，塑身的同时防止机体老化，按摩时的力度也相应加大。

5. 专业手段：使用专业手段需要到正规、专业的机构，并在医生的指导下有选择性地做。

吸脂法：这是最极端的治疗方法，当所有的方法反复使用过而未取得任何疗效时，可以借助专门的注射器从皮下细胞中吸出脂肪。

原来使我们身材走样的罪魁祸首不仅有肥胖，橘皮组织也是万万不可麻痹大意的。还好我们及时认清了它的真面目，接下来的事就好办多了。

【懒美丽贴士】

最易走样的6大身材类型

借助中医“望闻问切”四诊中的“望”诊来了解六种类型的身材，每种身材防止走样的对策可不是一样的哦！

·袋鼠样体型

提到袋鼠，大家立刻会联想到它憨态可掬的模样，它们浑圆的身体，胸前的袋子，以及纤细的四肢令人印象深刻。

·苹果样体型

苹果样体型指的是肚子大，脂肪集中在腹部内脏内外，因此医学上叫做内脏型肥胖。苹果样体型多见于男性，女性也有。所谓“大腹便便”、“将军肚”指的就是这种情况。

·面条样体型

有的女性身材细长，胸扁腹平，四肢消瘦，一幅弱不禁风的模样，如果一阵风吹过来，就像面条一样，柔柔软软，没有一点气力似的。

·豆芽样体型

身高较矮、体态瘦弱，脖子纤细，低头含胸……人看上去，好像脖子连支撑头颅的力气都没有了，就像豆芽一样，这种身材称为豆芽样体型。

·水桶样体型

拥有这样一副身材评价真是件令人伤心的事情。肩厚胸丰，腹凸腰圆，从上到下，体态臃肿，犹如水桶一般，女性特有的“S”体型荡然无存。

·鸭梨样体型

鸭梨样体型也是肥胖的一种，外表观察肚子往往不大，但臀部和大腿很粗，脂肪组织储存在外周，医学上叫做外周型肥胖，是为鸭梨样体型。

整形，还是塑形

“我的鼻子，是假的；我的眉毛，是假的；我的……都是假的。但是，我的美，却是真的。”这是一家美容机构的广告，写得简直太有诱惑力了。

再看看韩剧里完美的养眼女星，据说很多都是“人造美女”，但确实让人百看不厌。恰好又碰上你是个懒女孩，看到周围有人为了美丽上串下跳疲惫不堪地在塑形，而有些人只要静静躺着挨那么几刀子，就能换来漂亮容颜和魔鬼身材，于是，到底是整形还是塑形？“That is a question！”

随着科技的发展，社会的进步，和人类对美的无限追求，整形美容已经成长为一个热门行业，渐渐飞入寻常百姓家，并且火到了世界的每个角落，如巴西着迷植臀的女孩，美国热爱抽脂、吸脂的女人，英国盛行隆胸、平胸的美女，还有韩国的全民整形美容。先不忙决定整形还是塑形，来看看现在都有哪些受欢迎的整形计。

三十六计重塑美人

第1计：重睑（割双眼皮）。单眼皮变双眼皮，小眼变大眼，还可顺便把祛眼袋手术和眼睑下垂提升手术一并做了。

第2计：隆鼻。韩国MM的鼻子都是细细挺挺的，那是因为她们很多都隆了鼻！隆鼻改善脸部轮廓的效果最突出。

第3计：祛眼袋。大鼓泡眼睛让人看起来没精神，祛眼袋是很多人都能接受的手术。

第4计：面部抽脂。双颊饱满，总被人说有婴儿肥，腮前两团肉一笑就鼓起来，面部抽脂可以使脸部肉感下降，但抽取过多也可能有使人显老的后遗症。

第5计：改脸形。国字脸，欠缺女人味？可借助磨腮骨手术改脸型，甚至变成尖尖的瓜子脸。

第6计：磨颧骨。颧骨突兀易露凶相，想面容柔和可以通过磨颧骨。

第7计：隆额。都说宽额头显智慧又漂亮，而有的人却天生额头塌陷或狭窄，用假体或自体脂肪或合法注射剂隆额部可改善这种情况。

第8计：下巴整形。很多人喜欢又尖又长的下巴，修磨或放假体都可以满足愿望。

第9计：光子嫩肤。红血丝、小斑小点很多，有足够金钱的话可以试一下光子嫩肤，但别指望一次见效。

第10计：除皱。嫌皱纹泄露了年龄的秘密的话，筋膜悬吊、注射除皱，一定程度上能保护你的年龄秘密，但也有有效期。

第11计：胸部整形。不管流行巨胸还是玲珑胸部，中国女性的完美胸围大小始终等于身高 ×0.53。

第 12 计：腹部吸脂。通过手术将小肚腩吸走，方便快捷，但也要提防反弹。

第 13 计：唇部整形。安吉莉娜、舒淇的共同点是什么？厚嘴唇！这被看做是性感的象征。当然，不想嘴唇过厚，也可以削薄嘴唇，手术比较考精细度。

第 14 计：激光祛暗疮。很多人希望激光能帮忙祛除脸上的暗疮，但只靠激光的作用是有限的。

第 15 计：美牙。不管是东倒西歪的牙齿，或颜色泛黄的牙齿，箍牙、冷光漂白牙齿或拷瓷牙都能让牙齿大变身。

第 16 计：植发。头发稀疏，该有头发的地方却光得发亮，将长头发的毛囊移植到想长头发的地方，能解决一大烦恼。

第 17 计：颈部除皱。脸部保养得很好的麦当娜被人发现脖子上都是皱纹，让人大跌眼镜，其实她不妨做一下颈部除皱，起码会更和谐些。

第 18 计：祛疤痕。疤痕无论长在哪里都很碍眼，祛除疤痕术可以切也可以用激光。

第 19 计：阴部整形。为了自己也为了另一半，很多女性悄悄地进行阴部整形。

第 24 计：除腋臭手术。一到热天，腋下有异味的人就容易遭来白眼，切除汗腺根，能治疗腋臭，切口也越来越美观。

第 25 计：拇外翻矫正术。常穿尖头高跟鞋，大脚趾关节外翻走得脚痛，拇外翻矫正术来帮忙。

第 26 计：种睫毛。睫毛又短又疏以前只能通过化妆改善，现在也可以尝试一下种植睫毛，原理同植发和种眉。

第 27 计：美白针。用一些皮肤科治疗用的药物做成吊瓶输液，久而久之能让皮肤白皙，但其成分据说也可能致癌。

第 28 计：乳房再造。和隆乳、缩乳不同的是，乳房再造前基本没乳房基础，需要再造者多数是因乳腺疾病失去乳房者。

第 29 计：肚脐整形。近年来从日韩流行过来的整形趋势，据说能把肚脐整成自己喜欢的形状。

第 20 计：瘦腿手术。“大象腿”致使平常不敢穿裙子，最新方法是通过切断某些小腿神经让腿越来越瘦。

第 21 计：种眉。眉毛淡又稀疏的 MM，以前只能到美容院文眉，现在有更多方法选择，例如种眉，原理同植发，但据说种后要经常修剪。

第 22 计：光子脱毛。夏天腋下、小腿、手臂的汗毛藏不住，光子脱毛 4 ~5 次基本可以除掉大多数的毛发。

第 23 计：提臀术。人上了年纪臀部就往下耷拉，提臀术表演了让时光倒流的魔术。

第 30 计：自体脂肪移植。多余的脂肪能干什么？抽取出来可以丰满一些你想丰满的部位，人最爱拿来丰胸，据说它还能使手部也变丰润。

第 31 计：肩臂塑形术。被人叫“麒麟臂”叫到习以为常？要彻底改变只能通过肩、臂塑形术。

第 32 计：耳部整形。左右耳廓不对称、缺损，甚至是外形不好看，都可通过手术改变。

第 33 计：美背。女性的背部是性感的另一个象征，祛除多余的脂肪可以美背，但手术不好操作。

第 34 计：纤腰手术。像美国女影星费雯丽一样手术除软肋可以纤腰，但应该没哪个医生敢随便做。

第 35 计：注射融脂。据说这在欧美很受欢迎，但其成分还不够安全。

第 36 计：好心情。好心情不是整形术，不是化妆品，但让人打心底美丽起来。

看了这些，整形还是塑形，你决定了么？没有哪个是绝对好的，个人可以根据自己的实际情况来进行选择，目的都是为了将自己妆扮得更美更动人。

【懒美丽贴士】

美女整形本没什么可忌讳

女明星可不是那么好当的，镜头的锐利度可比人的眼睛强好几倍。但是，为什么女明星们好像都吃不胖、晒不黑，也不会衰老？在台湾明星大 S 的《揭发女明星——美容大王 2》中，她将女明星“青春永驻”的秘密归纳为两个原因：一是天生丽质，二是“动了手脚”。所谓动了“手脚”其实就是秘密整形，如秘密之一，激光除斑不留斑痕；秘密之二，光子除毛一劳永逸；秘密之三，电波拉皮可瘦脸；秘密之四，激光换肤除皱祛斑。

把握好四大黄金美体时间

虽然人人都在嚷着喊着要瘦身美体，可大街上拥有窈窕身材的 MM 却不占多数，其实很多 MM 真心想减肥，也花了大把的精力、物力、人力，尝试过五花八门的减肥方法，但体重计上的指针还是很顽固地指着一个刻度，那个伤心和悲愤啊，恨不得咬体重计一口。其实只要掌握瘦身美体的黄金时间，是完全可以事半功倍的。瘦身美体根本不需要那么辛苦，这就是我们一直挂在嘴边的懒不懒都美丽。

黄金瘦身美体时间 No. 1 每个月都有的生理期间。

了解生理期间荷尔蒙变化对体重升降的影响，对于减肥大计是相当有帮助的。一般女孩以 28 天为 1 个生理周期，可分为：瘦身福利期、瘦身超速期、瘦身平快期、瘦身缓慢期。

生理期的瘦身区段：

【瘦身福利期】：第 1 日 –7 日；

【瘦身超速期】：第 7 日 –14 日；

【瘦身平快期】：第 14 日 –21 日；

【瘦身缓慢期】：第 21 日 –28 日。

生理期的最佳减重时机

“福利期”，正在进行的节食计划可缓和些，刚刚走了“好朋友”，身体需要能量来补给；月经结束后“超速期”以及“平快期”则是最恰当的减肥时机；月经来前的“缓慢期”，可以增加运动量为下一个生理期的减肥计划做准备。简言之，如果你的“好朋友”5 月 1 日来报到，那么 5 月 8 日至 5 月 15 日就是当月的减肥最佳时机了，这段时间再苦再累也得要紧牙关坚持下来，这时运动一天相当于平常两三天的效果。

黄金瘦身美体时间 No. 2 起床后的最佳时刻。

俗话说：一日之计在于晨，真是一点儿也没错，尤其是对于需要减肥的人，把握清晨的时光，正是启动一天的瘦身时机，确实能给你的减肥大计大大加分。

早上多喝水，每天清晨醒来喝一大杯水，对健康和瘦身都是好处多多。清晨喝水最神奇的是，不仅可以改善便秘问题，还可以促进新陈代谢。新陈代谢一提高，身体的基础消耗就跟着提高，不但有利于身体排毒，而且可以瘦得更快。

清晨就要动一动，对于想减肥的人，早餐也是不能省的一餐，早餐吃得好，才能够维持一整天的活动量。

黄金瘦身美体时间 No. 3 饭前 30 分钟。

在每餐的前后，饭前 30 分钟或是饭后的一个半小时，是预防吃进去的营养囤积在体内的重要时机。对于正在实行减肥计划的人来说，可以在每餐饭前的 30 分钟，先喝杯水，这样不仅可以帮助消化，还可以消除胃部胀气。营养师建议想减肥的人可以多吃一些生菜沙拉类的食物，来增强饱足感。

饮料不可以随便喝，但很多减肥者会搭配喝一些瘦身饮料，其实营养师并不赞成。因为饮料是有热量的，多喝进去的就是多出来的热量，除非是把它用来当作代餐，否则可能会越减越肥，那可就恶性循环了！

黄金瘦身美体时间 No. 4 泡澡 10 分钟。

泡澡有助于改善身体循环、排除水肿，对于瘦身当然有帮助，如果再加上具有各种疗效的精油泡澡，肯定是事半功倍。

泡澡前应该先以沐浴的方式把身体洗干净，也可以利用马鬃刷沾些按摩油刷刷身体，这样一来，可以帮助身体血液循环，就像是做运动前的暖身动作，身体暖和了，接下来再泡澡效果会更好。

精油具有事半功倍的效果，想维持身材窈窕的人，不妨在每次泡澡时，加上一些特殊疗效的精油，如茴香具有利尿、消除水肿的作用；天竹葵则能够调节荷尔蒙；杜松子可以排毒。如果嫌以上味道不够好闻，可以再加上葡萄柚，不仅可促进淋巴循环，味道也很清香。

把握住这四大黄金瘦身美体时刻，悄悄使劲，可能大家会很惊异，怎么看上去很“懒”的你，说瘦身就瘦身，就像换衣服一样轻松，这时透不透露秘密就是你的事啦！

【懒美丽贴士】

运动有法的“FITT”原则

对于需要减肥的人，身上的肥油可不是一天蹦出来的。肥胖最大的成因就是多吃、不动，遗传的除外。想甩掉肥肉，就只有每天乖乖运动。

不聪明的懒人总有一堆理由来解释为什么不运动，其实只要掌握“FITT”（Frequency、Intensity、Time、Type）的简单原则，就能帮助你养成健康的运动习惯。

Frequency是运动的频率，一般人只要尽量做到每星期7天，每一天都能累积30分钟的身体活动量就够了。最简单的方法就是走路，利用每天上下班的时间，1次至少15分钟，2次就有30分钟了。

Intensity是运动强度，就是不管做什么样的活动或运动，只要达到开始流汗，有点小喘，或是心跳稍微加快的程度，基本上就可以了。

Time是每天保持运动的时间至少达到30分钟，不要三天打鱼，两天晒网。

Type是运动的形式，有3大重点：一是要训练到大肌肉群，如走路就会用到腿部的大肌群；其次是要有节奏性，如有氧运动；第三是时间要比较长，例如游泳、慢跑、骑自行车等。

步行——最安全的大众运动

步行?! 看到这个标题你也许惊奇地感叹了一声。步行不就是走路吗?那我们平时走路去上班不也是锻炼了？可一点效果都没有嘛。

步行看起来是没有什么运动量，可是其中的学问大着呢。运动所需的步行有一定的步幅、速度和距离要求，既不同于散步，又不同于慢跑，并且，步行运动是最常见、最简便易行的一种健身方法，男女老少都适宜哦。不但你们自己可以去试试，而且还能推荐给男朋友，还有长辈呢。

女人的时间过得总是飞快，不知不觉间便又揭开一页生命篇章。孩子有了，责任来了，多余的脂肪也出现了。女人在30岁时远不如从前活跃，这就是为什么我们的体重会增加，身材会走形。正因如此，30岁是开始步行的绝佳时机。

长久坐着不动，体内的新陈代谢减缓，燃烧的卡路里也较少。身材走样，家庭负担，工作压力无一不在折磨你，烦恼焦虑接踵而来，这时候最需要有规律的锻炼来保持你体内旺盛的新陈代谢。轻快的步行在高跟鞋“咯噔、咯蹬”敲击人行道时，就能不知不觉燃烧掉你身上的卡路里，想想这是一件多么惬意的事情。看着周围人羡慕的目光，享受家庭的甜蜜，现在是不是有点心动？心动不如行动哦！

俗话说：“走为百练之祖”。步行的优点是任何人、在任何时间、任何地点都可以进行，而且动作缓慢、柔和，不易受伤。因此，特别适合年老体弱、身体肥胖和患有慢性疾病的人康复锻炼。看到这里你可能会想，步行真的有你说的这么好吗？当然了，在这个充满科学的时代，干什么都不能盲目，锻炼也不能例外啊！现在我们就看看专家对步行的看法。

据美国《北美日报》报道，美国学者总结的步行有7大好处：（1）步行是唯一能终身坚持的锻炼方式；（2）步行锻炼不容易发生骨折或其他意外；（3）从事步行锻炼的人与那些长期坐着的人相比，肺活量较大；（4）步行锻炼能增强心血管系统的功能；（5）在预防肥胖或减肥方面有明显的益处；（6）能促进食欲和消化，从而增加营养的摄取量；（7）有利于关节炎的防治。看看，步行的好处确实不少吧？你还在等什么，赶紧行动啊！

【懒美丽贴士】

步行前，不要忘了下列准备。

1. 要穿一双软底的跑鞋。这样可缓冲走路时脚底的压力，保护脚踝关节免受伤害。

2. 要穿舒适的运动服。宽松舒适的运动服装能吸湿透气，有利于身体放松，能使人走得爽快。

3. 要选择合适的运动场所。河畔、芳草小径、公园、体育场以及车辆和行人较少的宽敞街道等，都适合步行锻炼，但最好是空气新鲜的地方。

4. 要先做热身运动。步行锻炼之前要先做一些准备活动，如活动一下四肢，轻轻压一压腿部肌肉和韧带，做一些下蹲运动等，使自己的身体进入运动状态。

步行的运动量因人而异，可自行掌握。不过也和其他运动一样，要天天坚持。每天早上起床后或者吃完晚饭，都可以去走走，以此来促进新陈代谢。清晨和傍晚是最适合步行运动的时间，步行的地点宜在江边、海岸、公园或者林荫道等环境幽静、空气新鲜的去处。上班族可以利用上下班的时间，提前两站下车走回家去，要是正好能横穿个公园就更棒了。

步行运动不是甩甩手，动动腿就 OK 的哦！它也有很多动作要领，做到了，才能达到效果。你要全身放松，抬头挺胸收腹，双目直视前方，两臂自然摆动，步伐稳健，身体重心落在脚掌前部，呼吸自然。另外，步行既然是运动，穿着一定要宽松轻便。平底鞋，运动服，这样才能好好地享受这种运动。

【懒美丽贴士】

找到适合你的步行法

如果你已经决定试试看了，那么还有好几种步行运动的方式，多去试一试，总会找到适合你的那一种。

普通散步法

用慢速和中速行走，每次 30 分钟 ~60 分钟，每日 2 ~3 次。适宜在风景秀丽的地方散步。

快速步行法

每小时步行 5 公里 ~7 公里，每次锻炼 30 分钟 ~60 分钟。步行时心率控制在每分钟 120 次以下，这样可振奋精神。

定量步行法

包括在平地和坡地上步行。例如在 3 度斜坡上步行 100 米，渐渐增至在 5 度斜坡上行走 15 分钟，再在平地上行走 15 分钟。

摆臂散步法

散步时两臂有节奏地向前后摆动，可增进肩带胸廓的活动，适用于有呼吸系统疾病的人。

摩腹散步法

一边散步，一边按摩腹部，这对有消化不良和胃肠疾病的人很有益处。

这里要提醒大家的是，不同的步行形式，对增进健康的效果也不一样。

如在步行的过程中，可以根据路况的变化来改变运动的强度。像插入一段斜坡路段可提高步行的强度，坡路对锻炼腰、腿部最有效；再如在沙地上步行很费力，也会起到同样的作用。步行速度与步行时间决定运动量的大小，可快慢交替进行。因为，普通步行是一项轻微运动，至少需要20分钟的持续运动才能对身体各器官形成代谢刺激，产生效果。

游泳——减肥又一妙招

大家都还记得2008年北京奥运会上的游泳天才菲尔普斯吧！他简直是挑战人类极限，几乎可以归为半鱼半人族了。普通人游泳可就没他那么宏远的目标了，只需要减减肥、美美容，高兴的程度估计也不会亚于他夺八金的心情。游泳能有效地消耗体内脂肪，尤其是长时间的游泳。因为水温与体温相差约10摄氏度，这会加速人体热量的消耗。游泳加控制饮食，是一种很好的减肥方法，而且，手脚头合作并用，是全身的匀称减肥。在水中，人的骨骼得到了充分的放松，可以有机会“伸一下懒腰”，这对保持挺拔的身体很有好处，对于还想长高的年轻MM来说是个福音，经常坚持游泳锻炼可以让你有望长成模特身材。实验证明，游泳比长跑、体操、摔跤的热能消耗大。在20摄氏度水温中游泳热量的散发是基础代谢条件下的5倍，在5摄氏度水温下游泳五分钟所消耗的热量相当于陆上长跑一小时的消耗。经常进行游泳训练的人胸部肌肉都很丰满，肩部宽阔，肩宽窄臀，加上富有弹性的肌肉给人以健壮、匀称的自然美。

同时，游泳还有美容护肤的功效。因为游泳是在水中进行，而湿度较高的环境，能很好的滋润与保养皮肤。当皮肤的水分含量低于10%时，皮肤呈干燥状态，会变得粗糙。游泳不仅可以增湿，水对皮肤还有按摩的作用呢！当然，你可千万别钻空子说：“那么我天天长时间地泡在水里，肌肤不是更水润?”除非你是一只鱼，否则……

除了真正喜欢游泳的人和游泳运动员外，有很多人都是想借游泳来瘦身或是塑身。而以下四种不同的游泳姿势，对改善身体部位各具不同疗效。你是属于哪一种呢？想从哪方面努力呢？请对号入座吧。

蝶式

是以腰部来牵动身体。长期游这种姿势的人，可消除腰部的赘肉，使其柔软有力，且纤细，呈现优美线条。

注：蝶泳要领

身体姿势：肩部必须保持在水平面上，臀部接近水面，头比双臂先入水，抬头要低。

臂部动作：入水，向外划和抱水，下划，内划，上划和移臂。

打腿：开始时，不曲膝，双腿并拢。一旦脚后跟露出水面，向下打水。

呼吸：在向上划时开始呼吸。

节奏：划臂 1 次，打腿 2 次。

蛙式

是因为大腿在游泳时充分地展开及收缩，可使大腿内侧的赘肉消除。如果每天强化训练，一个大夏天下来，会明显发现大腿不再松弛而变得结实许多。

注：蛙泳要领

身体姿势：头部和臀部尽量保持高位，身体以胸部为基准。

臂部动作：向外划，抱水，向下划，伸展。

打腿：伸展，收腿，外蹬腿，下蹬腿，内蹬夹腿。

呼吸：在臂部做有力的内划动作时呼吸。

节奏：保证蹬腿动作在双臂伸展时完成。

自由式

可以让手臂的线条匀称、美丽，使臀部肌肉变得结实有弹性，修复双腿的线条。

注：自由泳要领

身体姿势：身体尽可能平直，腿部的动作刚好露出水面打水。

臂部动作：入水，伸展，抱水向内划，向上划，移臂。

打腿：双腿并拢，膝部不要弯曲过度，向下打腿。

呼吸：头朝肩膀出水面转动呼吸，有轻呼吸和深呼吸。

节奏：打腿 6 次，两臂各划水 1 次。

仰式

对消除腹部多余的赘肉很有效果，使腹部不再松垮，锻炼腿与腰部的弹性，使其结实。

注：仰泳要领

身体姿势：两耳刚好放在水中，臀部刚好放在水面下，两脚刚好露出水面，头保持稳定。

臂部动作：入水，抱水，向下划，向后划，第二次划，复位，移臂。

打腿：双腿靠拢上下交替打腿，膝部可弯曲但不能露出水面。

呼吸：一只胳膊挪动时呼气，另一只挪动时换气。

节奏：划臂 1 次，打腿 6 次。

此外，虽说游泳可以塑造魔鬼身材，但是于女孩而言，还有很多需要值得注意的地方。

【懒美丽贴士】

游泳修身必知的 10 忌

1. 忌饭前饭后游泳。空腹游泳会影响食欲和消化功能，也会在游泳中发生头昏乏力等意外情况；饱腹游泳亦会影响消化功能，还会产生胃痉挛，甚至呕吐、腹痛现象。

2. 忌剧烈运动后游泳。剧烈运动后马上游泳，会使心脏加重负担；体温的急剧下降会使抵抗力减弱，引起感冒、咽喉炎等。

3. 忌月经期游泳。月经期间游泳，病菌易进入子宫、输卵管等处，引起感染，导致月经不调、经量过多、经期延长。

4. 忌在不熟悉的水域游泳。在天然水域游泳时，切忌贸然下水。凡水域周围和水下情况复杂的都不宜下水游泳，以免发生意外。

5. 忌长时间曝晒游泳。长时间曝晒会产生晒斑，或引起急性皮炎，亦称日光灼伤。为防止晒斑的发生，上岸后最好用伞遮阳，或到有树荫的地方休息，或用浴巾在身上保护皮肤，或在身体裸露处涂防晒霜。

6. 忌不做准备活动即游泳。水温通常比体温低，因此下水前必须做准备活动，否则易导致身体不适感。

7. 忌游泳后马上进食。游泳后宜休息片刻再进食，否则会突然增加胃肠的负担，久之容易引起胃肠道疾病。

8. 忌游时过久。皮肤对寒冷刺激一般有三个反应期。第一期：入水后，受冷的刺激皮肤血管收缩，肤色呈苍白。第二期：在水中停留一段时间后，体表血流扩张，皮肤由苍白转呈浅红色，肤体由冷转暖。第三期：停留过久，体温热散大于热发，皮肤出现鸡皮疙瘩和寒颤现象。这是游泳的禁忌期，应及时出水。游泳持续时间一般不应超过1.5～2小时。

9. 忌有癫痫史游泳。无论是大发作型或小发作型，在发作时有一瞬间意识失控，如果在游泳中突然诱发，就难免有“灭顶之灾”。

10. 忌患中耳炎游泳。不论是慢性还是急性中耳炎，因水进入发炎的中耳，使病情加重，等于“雪上加霜”，甚至可使颅内感染等。

让衰老迟到的又一法宝——瑜伽

瑜伽，是一种耳熟能详的健身运动，一种受用终身的运动，一种有着几千年历史的运动，一种人与大自然完美结合的运动。哈哈，酸倒一大片人了吧，挺住！的确，数千年前，在印度，高僧们为追求进入天人合一的最高境界，经常僻居原始森林，静坐冥想。在长时间的单纯生活中，高僧们从观察生物中领悟了不少大自然瑜伽美图法则，再从生物的生存法则应用到人的身上，逐步地去感应身体内部的微妙变化，于是人类懂得了和自己的身体对话，从而知道探索自己的身体，开始进行健康的维护和调理，以及了解和学习对疾病创痛的医治。几千年的探索归纳下来，逐步衍化出一套理论完整、确切实用的养身健身体系，这就是瑜伽。再简单一点来说，瑜伽是生理上的动态运动及心灵上的练习，也是日常应用的生活哲学。

瑜伽的好处就不用细说了，看看国外练瑜伽的老太太八十多岁还保持着青春不老的容颜和身手，还有那些像不食人间烟火的瑜伽教练，那些产后迅速恢复体形的年轻妈咪们就足够了。不过，一些对瑜伽了解不多的MM，看到那些瑜伽大师做的都是一些高难度的动作就被吓懵了。其实瑜伽强调的是在你自己身体能承受的最大范围内多坚持几秒钟，动作并不需要像舞蹈动作一样整齐划一，只要自己尽力了，就OK了，你就达到目的了。

很多MM认为，瑜伽是一种非常适合懒MM的运动。如果大家对瑜伽感兴趣的话，可以先报个瑜伽班，跟着老师学学动作，掌握要领。如果嫌麻烦的话，也可以买个光盘回家，跟着电视中的教练一起练。“想象你在一片绿色的丛林中，暖暖的阳光洒在你的身上……”

试想这样一个情景：若干年后，你用手无意一摸自己，咦，怎么皮肤还是和若干年前一样的好……打住，你正在练每天例行的瑜伽，要抛开杂念。

普拉提——让你告别小“腹”婆

锻炼绝不意味着满脸汗水和粗口喘气，尤其在崇尚有氧运动的今天，轻柔而曼妙的举手投足更有利于多余脂肪的消耗，就像普拉提。普拉提（Pilates）训练法是由德国的约瑟夫·普拉提于1926年创立并推广的一种运动健身体系——一种静力性的健身运动。他将东、西方的养生方法，如瑜伽、太极拳等融会贯通，并佐以自己设计的一些动作，逐渐形成了今天的普拉提。普拉提近些年风靡全世界，主要参与的人群是OL一族。很多生了孩子的女士却还保持着平坦如一的小腹，当大家问其秘笈时，她们都会得意地告诉你是拜普拉提所赐。

普拉提最大的特点是简单易学，不仅动作平缓，而且可以有目的地针对手臂、胸部和肩部锻炼，同时又能增强身体的柔韧性。最得要的是，这项运动不受活动地点的限制，无论是专业的健身房还是起居室，同样可以练习。想偷懒又想运动健身的你，再也不能以场地受限制为由来逃避啦。可能有些MM对普拉提了解不是太多，那首先来全民扫盲吧，知道的就当温故而知新了。

1. 普拉提是揉合东方和西方运动概念而成的

西方人一向着重于身体肌肉能力的训练，例如腰、腹、背、胸等，而东方人就着重于呼吸和心灵集中的训练，如冥想、瑜珈和太极。普拉提把东方的柔韧和西方的刚毅合二为一，它的动作缓慢、清楚，而每个姿势都必须和呼吸相协调，所以普拉提适合任何年龄群，特别是缺少运动、长时间需要接触电脑和朝九晚五的上班族的人士。

2. 普拉提具有安全性

普拉提的运动速度相对平和，是静力状态的运动，几乎不会产生对关节和肌肉的伤害。同时，动静结合的动作安排，使身体既有紧张也有放松，既有步伐的转换又有打坐的调吸，这就使锻炼的人更容易控制身体，减少因姿势错误造成的负面作用。只要有一片安静的空间，有一块柔软的地毯，你就可以进行练习，达到身体与意念的完美结合。

3．普拉提强调静止中的控制过程

普拉提的运动强度不是特别大，但它讲究控制、拉伸和呼吸，对腰、腹、臀等女性重点部位的塑造有非常好的效果，这更适合女子在现实生活中对形体美的要求。

提示：亚洲小天后萧亚轩 Elva 就是这一健身方式的热衷者。一些好莱坞大明星，如麦当娜产后为恢复体形进行了很长一段时间的普拉提练习，收到了惊人的瘦身效果，还有珍尼弗·洛佩兹、莎朗斯通、茱莉亚·罗伯茨等人也依靠持久不懈的普拉提健身，依然保持着傲人的身段。强大的明星效应使得普拉提的人气指数急剧飙升，在全球范围内掀起了一股练普拉提的热潮。

普拉提有这么神奇，好奇的你肯定跃跃欲试了吧？那么按照下面的要点试试看吧，有感觉的话也可以到专业的普拉提班上去提高。

首先先来看看练普拉提时应注意的几个原则。

呼吸的原则

（1）用鼻子吸气，用嘴呼气，讲究呼气的深度，尽可能地运用腹式呼吸的方法。

（2）呼吸的速度不宜太快，与动作的速度基本一致，不要憋气进行训练。

（3）运动时注意呼气，静止时注意吸气，这样可以缓解因肌肉用力而给身体内部带来的压力。

（4）通过控制呼吸，把注意力集中在呼吸上，减少人对肌肉酸痛的敏感度。

身体控制的原则

（1）动作缓慢，延长肌肉控制的时间，较大程度地消耗身体各部位的能量，以达到减脂、塑形的目的。

（2）把握好身体的姿态，使其能够长时间体会到训练带给身体的刺激。

（3）腹部和躯干的固定是普拉提训练的核心。

掌握好练习的总原则啦？那就开始下面具体的锻炼吧。

1. 腿部环绕

身体平躺在垫子上，双臂放于体侧。先把一条腿向上举起，另一条伸直或者弯曲放在地上，腹部收紧，腰部贴紧地面。吸气的时候用向上举起的腿划圈，方向顺逆均可，呼气时则回到起点，并停止动作。这样一个方向做4~6次，然后换方向再做4~6次。

提示：运动过程中腿部环绕的幅度不要太大，并保持臀部、髋关节不动。

作用：这组动作锻炼了腿部肌肉，能让腿部保持优美的曲线，同时配合呼吸能合理调节内脏功能，让动作更灵活和协调。

2. 单腿动作

上体抬起，肩膀离地，左腿伸直，右腿弯曲。右手抱住脚踝，左手抱膝，呼吸1次。换腿，重复动作。如此左右两侧各交换8~10次。

提示：整个过程中上体不要放松，上背部要离地。

作用：这组动作让身体更具有协调性，同时锻炼了身体上部的韧性和腹部肌肉、脊椎和骨骼的灵活度。

3. 双腿动作

上体抬起，双膝收到胸前，把身体团紧。然后双手抱膝，吸气，并伸展开身体。呼吸的同时把身体收回到团紧状态。重复6~10次。

提示：整个过程中上体保持不变，肩膀要离开地面，打开身体的时候双臂从前到上，收回时是从旁边收回，抱膝。

作用：这是一组伸张动作，类似游泳的动作，可以让身体和身体关节伸张开来，得到完全的放松。

4. 侧面动作

侧卧，让头、肩、髋在一条直线上。双腿稍向前收，左腿脚尖蹬地，脚后跟抬起，右腿抬起与髋同高，吸气右腿后展，夹臀，呼气时向前踢2次。换腿，重复。两侧各做6~8次。

提示：整个过程中肩膀要放松，上体不能松懈。

作用：这组动作可以强化上肢肌肉，包括胸肌、上背部肌肉及腹横肌，同时提高肌肉的柔韧性。

5. 全身动作

手和脚的位置固定不动，双腿弯曲，左腿在前，右腿在后。吸气时单臂支撑身体起来，这时，全身挺直成一条线，呼气时缓缓落下。换腿练习。各做4～5次。

提示：整个过程中动作缓慢，控制有力。在完成时若有困难，可用肘关节支撑于地上。

作用：这是关于身体平衡性的锻炼，能让身体更硬朗，同时锻炼了双腿各关节的灵活度。

练过普拉提的人都反映，不仅腰上讨厌的“救生圈”给卸掉了，而且形体也塑正了，举手投足之间增添了几分优雅和舒缓，心理压力也减少了。懒人的健身法要亲身体验才知真髓。

【懒美丽贴士】

普拉提8组箴言

专注：训练时注意力要集中，静静聆听身体的感觉。

控制：动作要做到位，尽量达到教练要求的位置。

重心：利用自身的重力带来的阻力，达到锻炼肌肉的效果。

呼吸：要注意呼吸的深度，尽可能用腹式呼吸法。

流畅：动作流畅，速度均匀。

准确：姿势准确，效果更佳。

放松：冥想时仔细感觉身体的部位。

持久：有意识地收缩需要锻炼的肌肉，保持紧张感，消耗能量。

办公室自助美体课

很多MM长时间偏于办公室一隅伏案工作，让视察的老板们欣慰不已！但是MM们却因缺乏锻炼，而收到肥胖、心脑血管病、糖尿病、骨质疏松等疾病的“邀请函”。别再抱怨没有时间了，有句话说的好，时间就像海绵里的水，只要你愿意挤，总还是有的。也别推脱没有合适的场地，只要你的办公桌旁边能有旋身之地，就可以练练为办公室人定做的简易美体操。其动作虽简单，却能帮你消除疲劳、远离亚健康、退回各种疾病的“催命单”。

1. 叩头

闲暇时轻叩头部——刺激头部穴位，能够调整人体健康状况。全身直立，放松。双手握空拳举于头部，自然活动腕关节，用手指轻叩头部，先从前额向头顶部两侧叩击，然后再从头部两侧向头中央。次数视各人情况自定，一般50次左右为好。

2. 梳头

首先直向梳刷，用木梳（别用塑料、金属制梳，最好是黄杨木梳，若无木梳，也可用手指代替）从前额经头顶部向后部梳刷，逐渐加快。梳时不要用力过猛，以防划破皮肤。接着斜向梳刷。先顺着头形梳，将头发梳顺，接着逆向梳，再顺着头形梳。每分钟约20～30下，每天1次，每次3～5分钟。这样可以刺激头皮神经末梢和头部经穴，通过神经和经络传导作用于大脑皮层，调节经络和神经系统，松弛头部神经，促进局部血液循环，达到消除疲劳、强身和促进头发生长的效果，对脑力劳动者尤为适宜。

3. 击掌

两手前平举，呈90度角，两手五指伸直展开。然后用力击掌，越响越好。击掌主要是刺激两手上相应穴位，一般在20次左右。

4. 浴手

浴手是保健按摩中的一种。取习惯体位，排除杂念，心静神凝，耳不旁听，目不远视，意守肚脐，两手合掌由慢到快搓热。

5. 搓面

把搓热的手平放在面部，两手中指分别由前沿鼻两侧向下至鼻翼两旁，反复揉搓，到面部发热为止。然后闭目，用双手指尖按摩眼部及周围。

6. 搓耳

耳廓上有很多穴位。用两手食指、中指、无名指三指，前后搓擦耳廓，刺激分布在耳廓上各种穴位。次数多少也是视各人情况而定，一般以20次左右为度。

7. 搓颈

先用两手食指、无名指反复按摩颈后部的风池、风府穴，力量由轻到重，直到局部发热，然后左右前后转动颈部，速度要慢但幅度要大。

8. 缩唇

直立，两手叉腰，先腹部吸气，停顿片刻，然后缩唇，不要用力，慢慢呼气，直到吐完为止，再深深吸一口气，反复十余次。这样能延长氧气在肺泡内的时间，促进氧气与二氧化碳交换。

9. 弯腰

双脚自然分开，双手叉腰，先左右侧弯30次左右，再前后俯仰30次，然后两臂左右扩胸数次。

10. 散步

散步是指不拘形式，闲散、从容地踱步。

（1）散步前应该让全身放松，适当地活动一下肢体，调匀呼吸，平静而和缓，然后再从容展步，否则达不到锻炼目的。

（2）步履宜轻松，犹如闲庭信步。这样，周身气血可调达平和，百脉流通，内外协调。

（3）散步宜从容和缓，不宜匆忙，把一切琐事暂时扔开，方能解疲劳、益智神。

（4）散步宜循序渐进，量力而行，做到形劳而不倦，可别气乏喘吁。

【懒美丽贴士】

办公室舒坦全身的小动作

调节左右肩膀

伸展运动是能够调节运动不均衡的肩膀，促进肩部、颈部、头部血液循环的运动。

动作要领：将两臂伸展至和肩部平行，同时握拳，胳膊肘向后倾，然后用力将胳膊伸展至和肩部相平，每天反复20～30次，会感觉到肌肉非常舒服。

另外，平展肩部也能达到平衡左右肩部的效果。

动作要领：右手抓住左腿，然后将左手放置到背后，这样旋转上体，左右旋转3～5次。

舒缓疲惫的脊椎和颈部

长时间坐在办公桌前，脊椎部分的每一个骨节都会感到非常疲惫，这个运动能够达到柔软脊椎和颈部，促进血液循环的功效。

动作要领：将重心分别放在左边和后边，反复运动20次。

舒展弯曲的腰部和肩部

能够舒展弯曲的腰部和肩部，促进新陈代谢，缓解疲劳，同时能够让思维变得更加清晰。

调整骨盘突出

长时间坐立时骨盘会变得突出，同时还会对腰部产生影响。

动作要领：将两手放在膝盖上，然后将重心分别放在左右腿上，这使骨盘能够得到充分的运动，每天反复50次。

坚持一个星期，看看腰酸背痛的症状是不是有所缓解，有的话真是积大德啦！

随时都可以来健身

在美体塑形这件大事上，还必须在常规训练后学会见缝插针做些健身小动作。很多拥有“魔鬼身材”的明星们认为：随时随地保持锻炼的状态，哪怕只是一个保持挺立的姿态，都是一种修炼。看电视时给大臂塑形，午休前练练小腹，连做家务时也不闲着，实施一个美腿美臀A计划……就是这些看似简单的健身小动作，让你轻松拥有大大的满足和愉悦。

特别提示：下面每个动作各做3组，每组15~20次，坚持几天，即可出现明显的效果。

在客厅里做的手臂小动作

1. 臂屈伸，训练手臂后侧肱三头肌。

双手支撑在椅子上，肘关节向后，收紧腹部，双脚并拢，慢慢让肘关节弯曲，身体向下，注意重心在身体中心，然后慢慢还原。

2. 提拉，肩部塑形。

手臂垂直于身体两侧，呼气，让肘关节弯曲，提拉小臂在胸前，然后慢慢还原。注意肘关节不要超过肩膀。

3. 推举，训练肩部三角肌中束。

大臂与肩平行，小臂垂直于地面，呼气，小臂、大臂内角呈90度，慢慢向上推举到耳朵两侧，手臂伸直，然后吸气，慢慢下放。

4. 弯举，训练手臂前侧肱二头肌。

双手垂直在身体两侧，呼气，小臂慢慢向上，再均速慢慢下降到起点。

5. 颈后臂屈伸，训练手臂后侧肱三头肌。

单手高举于头顶，大臂不动，小臂慢慢向后弯曲，呼气，慢慢向上伸直。

做家务时的腿臀部小动作

1. 伸拉，放松腿部肌肉。

单脚支撑，异侧手扶异侧脚踝，用力把小腿拉向臀部，双腿膝盖尽量靠拢，手扶拖把，稳定身体。

2. 箭步蹲，训练腿部和臀部。

双脚前后开立，挺胸收腹，后脚脚掌点地，慢慢下蹲，注意前腿膝盖不起超出脚尖，重心在身体中间，然后膝盖慢慢伸直还原。

3. 小腿伸拉，充分放松小腿部。

单脚脚掌踩墙，膝盖伸直，后脚脚掌点地，身体向前倾，双手扶墙，保持。

4. 深蹲，臀部塑形。

双手握住拖把，双脚并拢，膝盖慢慢下蹲，不要超出脚尖，臀部向后坐，然后慢慢让膝盖伸直，臀部慢慢回原。

5. 后举，臀部塑形。

单腿支撑，同侧手扶同侧脚踝，身体略向前倾，脚尖向上，控制。

床上的腹部小动作

1. 侧转，训练侧腰部。

双腿分开，双手打开成七位，慢慢转向一边，上身向侧横移 90 度，慢慢还原到正前方，反向动作相同。

2. 侧卧起，训练腹外斜肌。

身体侧卧，双手扶耳两侧，肩膀慢慢离开床面 10 度，然后慢慢还原。

3. 蹬车，训练上腹部。

小臂支撑在体后，慢慢伸直双腿，做蹬车的动作。

4. 卷腹，训练上腹部。

双脚开立与肩同宽，脚后跟尽量贴向臀部。双手交叉放在胸前，收紧下颌，上身慢慢离开床面30度，然后慢慢下落。

5. 提臀，训练下腹部。

双腿上举，臀部慢慢离开床面10度，然后慢慢还原。

6. 控制，训练上腹部。

坐在床边，双手向后支撑，双腿抬起，膝关节弯曲，慢慢吐气，然后双手抬起，控制一分钟。

好啦，睡觉前再做个强调过很多次的腹式呼吸。坚持这样的小动作，保准你每天起来照镜子时和称体重时都会有个小惊喜。

【懒美丽贴士】

秀出身体侧面曲线的11步小秘招

1. 侧躺在地板上，右侧朝下。
2. 右手撑住头部。
3. 左手靠在地板上，以支撑身体。
4. 右脚弯曲成直角。
5. 吐气的时候，紧缩臀部的侧面。
6. 左脚缓缓地抬高。
7. 抬高至膝盖、臀部与右肩成为一直线为止。
8. 左腿的膝盖保持完全伸直。
9. 吸气，维持臀部侧面的紧缩力。
10. 慢慢放下左脚，回到原来位置。
11. 左右脚反复各做10次。

懒MM最易陷入的美体误区

懒MM终于下定决心去美体啦，别急别急，先听听健美老前辈们说说有些什么美体误区需要注意的。

误区一：将健身运动性别化。

提到去健身房健身，人们心里很自然地就会想到器械健身和健美操，然而大多数人会将这两种运动形式与性别联系起来，认为器械训练是男子的事，跳健美操是女性的专利，这是一种误解。

之所以会造成健身运动性别化，原因首先是在大多数人的心里认为男性应该是勇敢、高大威猛型的，而女性则是温柔、苗条美丽型的。其次，由于对运动生理等方面知识缺乏了解，大多数人都误认为器械训练只会使人肌肉发达、突起，而健美操会使人越跳越苗条。

实际上，各种运动形式都适合男女参加。因为任何一种运动形式都不可能代替其他的运动。就器械锻炼和健美操而言，两种运动都是必要的，它们对人身体的好处是互补的，只有两者的结合才是更合理、更完善的。

误区二：担心像男生一样肌肉发达。

大多数的女性朋友一提到练器械，马上就会担心练得像男性一样肌肉发达。这是很自然的，因为我们确实看到了许多男性通过器械训练变得胸宽、背厚、肌肉发达，然而却大可不必担心。第一，女性本身体内的雄性激素较少，雌性激素较多，因而肌肉合成能力较差，脂肪合成能力较强。第二，即使是利用器械进行肌肉负荷训练，但由于训练方式不同，会产生不同的结果。要想长肌肉也是很难的事，要用特殊的训练方法，并经过一个漫长的过程，可不是一朝一夕能达到的。小重量、多次数的训练，不但不易长肌肉，还会削减多余的脂肪。

有经验的教练会安排不同的训练计划，以改善体形、增强身体素质，提高健康水平。所以器械训练不一定就会长肌肉，影响身材，相反，合理的器械训练会使体型更美妙。

误区三：练哪里就减哪里的脂肪。

在健身训练中，大多数女性最关心的是如何减去腹部脂肪。许多人认为只有练腹肌才能减去腹部脂肪，其实不然。减脂运动主要是通过一定时间和一定强度的有氧运动以及力量练习来实现脂肪的消耗，脂肪的消耗是全身性的，而非练哪儿减哪儿。仅仅进行大量的腰腹练习，不但对减少腹部脂肪无明显效果，反而易造成腰部受伤。

误区四：意念不集中。

在练习过程中，意念应完全集中在被锻炼的肌肉上，并通过意念感知肌肉运动，控制身体姿势，以及用力顺序、方向、角度和速度。这样就能动员该部位肌肉更多的肌纤维及时收缩，并能承受更大的训练负荷。此时不但动作技术要合乎规范，而且必须全神贯注，把注意力集中于所练的部位。边说边笑边练习，既容易受伤，又影响锻炼效果。

误区五：随意延长锻炼时间。

许多健美爱好者为了锻炼肌肉，急于提高效果，总希望在每天锻炼课中以最大的努力完成最多的内容。所以往往会随意增加练习的组数、次数和延长锻炼时间。然而科学研究和实践表明，这样做不仅难以如愿以偿，而且会适得其反。

首先，锻炼时间延长会削弱注意力，容易引起运动损伤；其次，会使练习兴趣下降，变愉快为烦恼，肌肉出现“超饱和度”现象，动作走形，质量下降。对初练者来说，质比量更重要。

Part 6
青丝霓裳为你打造全方位美丽

有句话这样说：男人都是很专一的，从 18 岁到 60 岁，都只喜欢 18 到 25 岁的女人。在哈哈笑过之后，这句话也让众多“熟女”暗中肝肠寸断。经年累月，沉浸工作，美丽怎样才能不打折扣？从缕缕青丝到穿衣打扮，需要关照的美丽细节遍布女人全身，即使是懒女孩，“美丽”也是她们念念不忘的必修一课哦！花更少的时间，更低的成本，来保持 20 出头那样的“全方位美丽”，这真的只能是白日做梦吗？

让你的青丝轻舞飞扬

四季里夏季邂逅美女的几率是最高的，同时对美女的考验也格外的苛刻。此时藏在帽子里的秀发不仅要担当美丽的加分筹码，还要遭受烈日的考验。MM 们都会在肌肤上涂上防晒油，而同样暴晒在阳光下的秀发就没这么好的待遇啦。其实，秀发的护理一年四季都得坚持，一头健康的秀发会增加不少的回头率。但是如果秀发护理也要像肌肤护理有那么多讲究的话，估计众 MM 不累晕也得歇趴了。的确，面对似火的骄阳，勤快人首先想到“我要加强防护，出门别忘了带遮阳伞、戴帽子”，而懒人想要的，是怎么才能不带伞、不戴帽子，秀发沐浴在阳光下依然有光泽。那么如何护发才能达到最省力，又有立竿见影的效果呢?

知道吗？头皮其实最喜欢你的爱抚了。按摩头皮不仅可以提神醒脑，消除疲劳，而且有美发护发的效果，常做可使头发乌黑亮泽。有一位老奶奶七十多岁了，但仍拥有一头漂亮的黑发，让人羡慕不已。她的秘诀就是有事没事都经常按摩头皮。平日如果 MM 自己按摩，建议你使用薄荷洗发水，薄荷成分于按摩后能舒缓头皮肌肉，深入皮层后可以促进新陈代谢。此外，最好不要频繁用去头屑洗发水。过于频繁地使用强力去屑洗发水，有时不仅不会给头皮滋润，反而会分解剥落那些干燥、疏松的皮肤表面。

看过大的书的人就知道，大 S 是如何宝贝她那些梳子的，简直让人瞪目结舌。有些人在洗发时习惯涂抹护发素后用宽齿梳均匀梳开，但其实还是密齿梳比较好。因为每个人大约都会有 12 万根头发，只有使用密齿梳，才能更有效地将护发素均匀地分布在每根发丝上。而每天梳头的头刷，则最好使用天然鬃毛制头刷，因为它有一个特殊的功效就是能把头皮上的油脂均匀梳开。呵呵，没想到梳子的讲究还是挺多的吧!

现在流行的发膜护理不仅能修护受损部分，抚平毛鳞片，使发丝柔顺容易梳理，还能增加干燥受损头发的光泽感。使用发膜，要在洗发后去除多余水分，将发膜均匀涂在湿发上，让其充分作用于发根至发梢，按摩 3 分钟后用清水冲洗即可。

另外，每天一颗维生素 E，可增进头皮抗氧化能力，以调节皮脂、避免头皮氧化造成发根受损；也不妨多吃含矿物质碘与锌的海中食物，如牡蛎、海鱼等，来增进细胞修护能力、强化免疫力，保持头皮和发丝的美丽和健康，而这些才是美丽秀发的根本。

【懒美丽贴士】

如何处理分叉的头发？

1. 首先要将分叉的部分剪去，如果不剪掉，长发的发尾还是会分叉。由分叉点向上剪掉一英寸效果最佳。

2. 使用适合自己发质且温和的洗发精，并于每次洗发后使用护发素，以供给头发所需的营养。

3. 尽量减少烫发、染发、漂发等化学处理，烫发及染发后，务必加强补给头发营养。

4. 每天梳发，尤其是睡觉前。许多人只顾洗脸、洗澡，却忘了刷去头发上的灰尘，因为头发所沾的污垢及灰尘比身体、脸部更多。

5. 进行户外活动，应做好护发的准备，最好能够准备一顶大帽子，活动结束后，应好好清洗头发，尤其是经过阳光曝晒或海水浸泡的MM，更应彻底滋润受损的头发。

有些MM开始抱怨，护发素、精华素、发膜护发用品，我都坚持用了，甚至还跑到专业发廊护理，但梦想中的发质、发型依然只是昙花一现，这到底是为什么呢？这就可能和你的护发观念或习惯有关系。以下整理了很多护发小常识，基本囊括了懒MM们日常的护发问题。

用热水洗头发，养发还是伤发？

泡热水澡或蒸桑拿，可舒缓疲劳，但头发是无福消受的！过热的水温会抽干头发的水分，道理和洗脸相同。

头发在浴池或桑拿房里暴露时间过长，如果没有采取任何防护措施，过热的水温会让头皮中的蛋白质和水分流失，令秀发出现静电、枯黄、分岔甚至脱落等状况。秀发和肌肤一样，需要补水与滋养品，在进浴池或桑拿房之前可以先把发膜均匀抹在洗净擦干的头发上（距离发根5公分处），用保鲜膜或者浴帽包裹头发5～10分钟，然后用少量水乳化，最后彻底清洗干净。另外还可以准备一瓶护发营养喷雾，随时为头发补充水分和营养。

“纯天然”就是最好的吗?

现在纯天然风头正劲，吃有机蔬菜，喝有机果汁，用纯天然的有机护肤品更是一大潮流。有机的乌托邦在秀发护理上也同样适用吗？是不是洗发水也是纯天然的好？

其实世界上还没有哪种洗发水是真正百分百纯天然的，所谓的“全天然”也不过是广告商的噱头而已。

大多数人对于洗发水有两个不成文的观念：第一，洗发水必须产生泡沫，因为泡沫可以随水流冲走污垢，泡沫也就代表洁净。不起泡的洗发水，严格说是没有市场的，洗发水起的泡泡其实是化学成分组成的起泡剂，最常见的是提炼石油副产品（简称SLS）。第二，储存期是洗发水必备的条件，因此防腐剂是必须添加的。这也说明纯天然的洗发水现阶段不会产生，也不一定是最好的。其实，只有根据自己的发质选择适合自己的洗发用品才是最健康的护发方式。市场上的洗发水种类繁多，不再只有清洁的功能，特别是秋冬季使用的洗发产品更应注意的是营养成分和补水保湿因子，而不应该一味地追求“纯天然”。

小心运动出汗伤头发。

虽然流汗可以帮助身体排毒，但是汗水蒸发后所形成的盐分会抽干发根的水分，令头发干燥易脆。而当盐分积聚在头皮或头发表面后，会阻碍头发生长，同时令头发特别容易沾染上各种灰尘杂质，堵塞毛孔。不单令头发看起来脏乱，更会增加头发之间的相互磨擦，引发头发受损脱落。此外，运动时不应该戴着帽子，这样会防碍汗腺呼吸，令头发更不清爽透气，久而久之，会在发际线附近形成汗斑，影响正常的头皮油脂分泌，毛孔也会随之被堵塞，使头发缺少应有的滋养，继而产生头痒、头皮屑等问题。健身的时候可以戴棉质头带，既可以有效吸收多余的汗水，阻止发根水分的流失，又不失美观时尚。即使有再着急的事，也要养成运动后清洁的好习惯。大汗淋漓过后，用清水彻底地冲洗一遍头发，去除掉头发中汗液的盐分残留物，才能有效保护头发。

别为追求造型毁了发质。

为了追求时尚，很多人喜欢蓬松的卷发，为了让波浪保持得更持久一些，她们通常在早上洗发后就立刻卷发，然后把未干的发蜡厚厚地抹在发卷上。其实这样做不仅不能让发卷更持久，反倒会伤害头发！因为头发湿湿的时候，毛鳞片正处在开放的状态，若此时用发卷卷发，头发很容易受伤，会变得异常脆弱，而且湿发摩擦大、易纠结、扯伤头发，尤其是发根脆弱的头发要特别小心擦拭。最好的造型方法是等到头发八九成干的时候再上发卷，卷曲的头发可以用液体护发素按摩揉捏，或者压在卷发器上用吹风机热风档吹一小会儿，接着轻轻梳好，最后稍用点定型剂定型即可。

洗发水并不一定泡越多越好。

头发中的污垢是随着泡沫一起被冲洗掉的，所以很多人一般都认为洗发香波的泡沫越多头发就会洗得越干净。其实泡沫太多只能说明香波中帮助发泡的物质较多，并不等于洗发香波清洁力就更强。虽然洗发时适当的泡沫会减少发丝间的摩擦，当然也是除污的“清道夫”，但香波中泡沫的含量对于清洁能力不会有什么根本影响，而且泡沫过多，洗发后感觉发丝可能越干涩。因此在购买洗发水的时候一定要仔细阅读其标签中标明的清洁剂成分的含量。还要注意的是，如果你的香波不起泡还可能是由于头发不够湿，你要做的是再浸些水而不是再添加更多的香波，不然会损害发根。

冲洗太彻底也是错！

为了将发乳或护发素彻底洗干净，很多 MM 时常执著地冲上好几回，殊不知，反复冲洗掉的不仅是“污垢”，更是一层宝贵的营养。

日常用的护发素或发乳就像让衣服柔软的柔顺剂，为的就是把滋润留在头发上，所以不要反复冲洗，这样既保护了头发的营养，又节水环保。

要用温水冲洗头发。别误以为热水的溶解力高而用过热的水来冲洗头发。热水可是伤害头皮的杀手。高温会使头皮水分流失而变得干燥。如果你担心冲洗不净，可用温水多冲洗几次即可。也不要用冷水，如果水太冷，残留物就不会被彻底冲洗干净。最后留有一点滑润的感觉才是适合的度。

那怎样判断自己洗得刚刚好呢？如果发现护发后还是干干的，就表示清洗过度。更周全的方式是洗发后吹整造型前，多擦层免冲洗滋润护发品，这样就能万无一失。

梳头虽好，不可过度。

头部是五官和中枢神经所在，经常梳头能加强对头皮的磨擦，疏通血脉，改善头部血液循环，使头发得到滋养，乌黑光润，牢固发根。那是不是只要多梳头，头发就会变好？

梳理头发可以促进头皮的血液循环、疏通经络，还能清理依附在头发上的脏物和浮皮，使头发柔软而有光泽，但前提是要正确地梳头，头发才会更加强韧有弹性。如果用力过猛，一味追求刺激头部穴位，反而会使头发变得脆弱。太用力的梳头还会造成发梢分叉，尤其是油性发质更不能用力过大，这样会刺激皮脂增加分泌，有可能因此导致头皮屑的出现。梳头的时候要用力平均，让梳齿轻轻接触到头皮即可，绝不要太用力刮梳头皮，或让梳齿划破头皮。

梳头有益健康，但是还要看使用的工具如何。如塑料梳容易起静电对头发有伤害，选择水磨过的木梳或水牛角梳比较好。水磨过的木梳子表面比较光滑，可以减少对头发的伤害，而水牛角的梳子可以活血。还有一点，梳头用的梳子清洁与否，也是非常重要的。有许多头皮问题都是由梳子作媒介传染的，因为污垢留在梳子上时间一久，会发生化学变化，所以梳子要勤洗。

造型产品别太“专一”。

造型产品也不能“溺爱”，即便钟情于某一造型产品，但如果一年四季都在使用往往也会出问题。

夏季时，天气炎热，皮脂分泌旺盛，MM 们应选择清爽的乳霜质地造型产品，既能令秀发轻盈富有动感，又不会过于粘腻，增添皮脂的负担。而在秋冬季节，清爽的乳霜质地造型产品会显得太“单薄”，也承受不了冬季凛冽的天气，对于造型的持久有点力不从心。冬季气候干燥，最好选择滋润型的造型产品，如油质发蜡，可以令秀发更加富有光泽。此外，防止阳光伤害的功能也是必须的，要尽可能一年四季都保护头发免受阳光伤害。

充分利用吹风机定型。

为了让卷发看起来更自然，大家通常认为吹头发的时候，一定要多吹发梢，这样头发才会更飘逸。在做造型的时候，虽然只吹发梢可以让发型看起来更加自然，然而不能忽视的是，如果风筒吹出的热风一直从发梢往上吹，那么头发表层的毛鳞片就会被吹翻，破裂，弄得头发毛毛燥燥的。为了防止发梢不受损伤，吹风的时候，一定要把风口距离头发 10 ~ 15cm 的距离，从发根朝发梢吹，还要让热风顺着梳子的方向移动，这样头发才能产生光泽，吹出来的发型也不容易走型。

护发素停留多长时间最合适？

为了让护发素的作用发挥到更好，通常大多数人都会让护发素在头上保持的时间长一点，认为这样护发效果会更好。实际上，护发素在头上停留的时间太久，反而会对头发有一定程度的损害。因为护发素只是头发的顺滑剂，不能做到深层护发。让含有化学成分的物质在头发上停留时间太久，这可不是什么好事情！那涂抹护发素到底需要多长时间呢？其实头发吸收养分的时间约为 3 ~5 分钟左右，最好在使用护发素前先看一下说明，然后按照产品的使用说明来做即可。

达人支招：打理秀发时，除了“洁”和“护”，“韵”也很重要。想提升秀发的光泽，首选清爽、不油腻的亮发产品。造型能力超强的产品会显得太生硬，不是特殊场合建议少用。亮发产品不但可以即刻改善头发暗淡无光的状态，还可以使秀发强韧。为了适应越来越快的生活节奏，市场上有许多免洗的亮发产品，轻巧、方便携带，可以随时随地为头发补充营养，而且很多还是喷头设计，更适合爱省事的懒人了。

【懒美丽贴士】

大 S 的护发宝典

乌黑亮丽的头发绝对是大 S 的杀手锏，看看她有哪些护发秘诀。

保持距离：不让头发接触到它不该接触到的东西

大 S 表示，其实自己对头发极其体贴，平常绝对不让头发接触到它不该接触到的东西。譬如，坐椅子的时候会把头发撩放到胸前来才去靠椅背，绝不会让它夹在背部和椅背中间遭受无情的摩擦压迫。

不绑马尾：绑马尾是让前额的头发掉得厉害的祸首

大 S 在家的时候也不太绑马尾，因为绑马尾会让前额的头发掉得厉害。戴发箍也是让前额的头发掉得厉害的另一个祸首。

垂两边：平均垂放给头发平衡

大 S 说自己在家一定将头发放下来，平均地分成两边，将它们垂放在胸前。只有这样平均垂放，才不会让头发偏重任何一边。只要一边的头发较重，那里的头发就可能容易掉。

明眸皓齿、唇红齿白才是真美!

古代美女有一条非常重要的标准：明眸皓齿、唇红齿白。这个标准到现在也同样适用。最新时尚杂志公布了女性美丽的三要素，即：健康美丽的肌肤、丰满匀称的身材、洁白闪亮的牙齿。大嘴茱莉亚·罗伯茨就靠一口皓齿赢得全世界女孩的羡慕。当你想开心地笑时，绝不能因牙齿而欲笑又止。知道你想说颠覆传统审美观的丑女无敌，可荧屏上的她是用来娱乐观众的，现实生活中真有丑女无敌那样的大暴牙绝对没人喜欢。因为当今社会，健康的牙齿已成为体现个人魅力和生活方式健康与否的关键因素。想用健康的白牙来衬托你灿烂的笑容，其实很简单。

盘点那些牙齿“清洁工”

1. 漱口水——只需一口半。早晚刷牙自然是最基本的护牙常识，但你是否知道，用牙膏刷完牙后，你只需要用一口半的水漱口就好了，不需用掉整杯水去冲脱留在牙齿表面的用以保护牙齿的氟元素。更要切记的是，不要用没有牙膏的牙刷拼命刷牙齿，更不要横向刷牙。这样的刷牙方式不但不是对牙齿的保护，反而是对牙齿外层组织的破坏。

2. 牙刷——如果你不懂得究竟什么样的角度才是对牙齿最好的保护，那么使用电动牙刷无疑是个比较好的选择。因为电动牙刷不需任何手部动作配合，就能以最好的角度全方位地清洁牙齿。比如飞利浦 Sonicare 声波震动牙刷，它揉合了声波科技于口腔护理，以每分钟 31 000 次的高频震动，产生以声波为能量的冲刷状态，深入牙齿难于触及的部位进行深层清洁，能有效清除牙缝及牙龈之下的牙菌斑，一直是很多美国牙医的护牙选择。哈哈，电动牙刷好处还真不少，懒 MM 的购买欲被激起了吧。

3. 粗纤维食物——牙齿的天然清道夫。芹菜、苹果、全麦和谷物食品等因为富含纤维素，所以在咀嚼时就是对牙齿最好的清理。如果你每天在餐桌上能吃上一两种粗纤维食物就已经是对牙齿很好的保护了。

4. 口香糖——懒人的护齿方案。除了每天早晚正确刷牙外，口腔喷雾或口香糖也是懒人护齿的好方法。口腔喷雾不仅能在轻轻的“嚓嚓”声中将牙齿清洁干净，木糖醇也能对牙齿有保健作用。木糖醇的优势在于它比口香糖更耐嚼，且对牙齿不会造成丝毫损伤。你一定见过NBA的大明星在紧张的赛场上还不忘“健齿”吧？

5. 牙线——不可或缺的护牙小道具。保持清新口气，一些小道具需要常备身边，牙线就是必不可少的一种。不要再认为饭后剔牙有多么不雅，在国外，牙线几乎人人必备。相反，如果在与人谈话时牙缝间夹着菜叶和水果渣，那才真是让人对你“刮目相看”的可怕行为。

6. 牙签——还是自带的好。牙科专家建议牙签最好自己准备，因为一定要用纯木牙签才能在彻底清洁牙垢的同时不伤牙龈，而一些小餐馆里准备的竹签制作粗糙，上面的尖刺很容易将牙龈刺破，造成牙龈感染。所以，还是自带的牙签保险些。

你真的会刷牙吗？

1. 竖刷法：这种刷牙方法是把牙刷毛束与牙面成45度角，转动刷头，上牙从上住下刷，下牙从下往上刷，上下牙列面来回刷。

（1）刷牙顺序是先刷外面，再刷咬合面，最后刷里面。

（2）先左后右，先上后下，先外后里，按顺序里里外外刷干净。

（3）每个部位要重复刷8～10次，全口牙刷干净需3分钟。

牙菌斑一般在牙缝深处，只有用下牙从下向上刷的竖刷法才能刷净。所以刷牙一定要顺着牙缝直刷，即上牙从上往下刷，二旁旋转刷，这样刷牙既不影响牙龈，又能把食物残渣刷净。

2. 按摩牙龈。人到老年瘪嘴很多，原因之一就是牙龈萎缩。为推迟或避免牙龈萎缩，可用牙刷轻轻按摩牙龈，促使龈组织血液循环，也可在早晚用手指在唇外按摩或用舌尖按摩牙龈，使牙龈更加健康。

3. 闷两分钟：里外，上下，牙缝，牙龈都刷到后，一定要闷两分钟以上，充分发挥药物杀菌溶菌作用，然后才漱口刷净。凡使用药物牙膏都必须闷两分钟以上。

4. “三三三”制：即3岁开始刷牙，每天刷3次，每次刷3分钟。

牙齿好不好，养护是一方面，更重要的是日常的饮食习惯。以下是牙齿喜爱的“吃吃喝喝”，懒MM们不想频繁地到牙医那里报到，就仔细看看以下忠告吧！

钙是组成牙齿的主要成分，人体中钙摄入充足会令牙齿坚固。常吃含柠檬酸的水果如柠檬、柑橘、梅子等有助于钙的吸收。磷是保持牙齿坚固不可缺少的营养素，它在食物中分布很广，只要不偏食，就能摄取丰富的磷。维生素 D 能促进人体对钙、磷的吸收，保证牙齿健康发育。动物肝脏、鱼肝油中均含有丰富的维生素 D，可适当摄取。

足量的维生素 C 是预防牙病的重要元素，如果缺少维生素 C，就可能导致牙周病。蔬菜中含有多种微量元素和丰富的维生素 C，是不容忽视的护齿食物。每天补充适量的水果如橘子、柠檬等也是很重要的，必要时可加服维生素 C 片剂来补充必要的维生素。

膳食纤维是广泛存在于蔬菜、粗粮中护齿的营养素。要多吃适当硬度的粗糙性食品，如山芋、大豆等粗粮，其含磷量比细粮高，能促进牙齿正常发育。

矿泉水中的氟含量满足了人体对氟的需求量。氟可以增加牙齿的釉质，坚固牙齿，保护牙齿免受微生物的侵蚀。在茶水、海鱼和某些蔬菜（菠菜、红皮白萝卜）中也含有氟质。另外，可以用茶水漱口。

零食，特别是“软”食品、碳水化合物食品（如糖果或者甜饮料、面包、糕点等）和酸性食品（如苏打水、水果、果汁），通常会增加龋齿的危险。如果有可能，每次吃完食物之后要仔细地清洁牙齿。如果没有条件，也可以认真漱口或者嚼一块无糖的口香糖。木糖醇不会产生引发龋齿的酸性物质，还能够减少龋齿菌和齿垢，具有显著的预防龋齿的作用。

此外，透露一个给懒 MM 们的福音，美国佛罗里达大学牙科专家杰弗里·希尔曼发表声明，人类有望找到一条一生不用刷牙而保持牙齿健康的捷径。他说他在寻找一种不会将糖转化成乳酸，并能杀死和完全取代有害细菌的新细菌，他把这种新的细菌叫做 BCS3—L1。早在 20 年前，有 3 个人志愿将 BCS3—L1 的母株植入口腔。迄今为止，他们口中都没有发现其他有害的细菌。不过这一技术是否能广为应用还待研究，在此我们送上懒人的祝福与力量，希望早日能梦想成真！

【懒美丽贴士】

换个电动牙刷试试看！

调查显示，电动牙刷与普通牙刷相比，更为科学有效。它可以更彻底清除牙菌斑、减少牙龈炎和牙龈出血。而电动牙刷通过快速旋转，使刷头产生高频振动，能瞬间将牙膏分解成细微泡沫，深入清洁牙缝。与此同时，刷毛的颤动能促进口腔的血液循环，对牙龈组织有很好的按摩效果，而且电动牙刷手柄大，刷头小，比较符合人体工程学的人性化设计。电动牙刷能让刷牙效果更好，乐趣更多，并为过去简单机械的口腔清洁过程带来崭新的“旋转乐趣”。

美甲技巧知多少

“十尖尽换红鸦嘴……数点桃花汎水流”。有一种花叫凤仙花，此花颜色很多，也被人称之为指甲花，其得名不是因其花形像指甲，而是因为花的汁液可以用来染甲。年轻姑娘们常常采下新鲜的花瓣，在指甲上用力一抹，指甲便清透又绚丽，非常好看。这一习俗由来已久。根据文献记载，唐朝时，盛行染甲风尚，所用的材料多为凤仙花。古埃及人更率先用臆羚的毛皮摩擦使指甲发亮，并涂以散沫花汁使其呈现迷人的艳红。

美甲不仅是美丽的标志，还是地位的象征。中国古代官员还用装饰性的金属假指甲来增加指甲长度，以显示其尊贵地位，清剧中贵族小姐、太太们的假指甲就尤为抢眼。美甲文化走过几千年的发展，而今 MM 们既可以选择去专业美甲店美甲，也可以在家舒舒服服地坐着，一边看电视一边慢慢修理，都能很轻松地换来巧夺天工的美丽指甲。不信，你自己看看。

指甲形状知你心

首先，MM 们请仔细观察自己指甲的形状，不同的形状代表不同的风情，一般指甲可以分为四类。

1. 长圆甲最优雅。

指甲前后、左右宽度对称，内卷弧度不大，呈长圆形。这种形状最为完美，造型的余地很大，可以留得很长，也可以只保留 1 ~2 毫米的指甲前缘。总之，随你喜欢。

修剪方法：将前缘修窄，便可显出十指的纤细，也可以只磨出前缘两角的弧度，保持长圆甲的优雅感。

2. 狭长甲最有女人味。

狭长甲向内弯曲弧度较大，前端狭长而饱满，极富女人味。其本身的形状已经能带出纤纤十指的纤细感，所以在修剪造型上并不费力。这种指甲的缺点是容易向内卷曲，嵌进肉里。

修剪方法：不建议留长，不然很容易折断。将前缘磨出狭长的圆弧，让它不易嵌进肉里即可。

3．无敌可爱的短圆甲。

指甲呈扁圆形状，有点矮胖的感觉，不贴水晶甲的话，很难做出丰富的造型。其实，因甲体面积较小，假甲也不易粘牢，所以，裸妆造型上应该顺其自然，而且指甲孩童般的胖圆感能给人留下亲切、可爱的印象。

修剪方法：不要刻意向狭长甲靠拢，否则会很怪异。应适度留长一些，然后用指甲锉将前缘两角磨出弧度。

4．帅气中性的铲形甲。

铲形甲前甲缘宽，根部窄，呈铲形，略带中性的帅气感。这种指甲不建议留长，因为越长前缘就会变得越宽，失去十指尖尖的秀气感，也会因为和手指的间隙变大易被掀离。优点在于两角不易嵌进肉里。

修剪方法：将前缘变成圆角，向内收拢一些弧度，使其看上去修长一些。

找到最适合你的指甲颜色

1．适度抛光，制造健康甲色。

指甲没有了彩色甲油的掩盖，暗哑、泛黄或者凹凸不平的条纹就很容易暴露出来，因此对细节的完美度要求很高。先用指甲锉的细面，轻轻地将指甲表面抛光，直到可以看见自然的光泽，之后可根据自己指甲的颜色和健康状况选择“饰底液”和“修护油”调整甲色。

2．柔粉珠贝，裸甲最合适的光感。

如果说以往的“裸甲”主要是为了让指甲得到休养，只需涂上营养油和亮甲油便可，那么今年的裸甲风便打破了这一禁锢，由透明光感升级为七彩光芒的珠贝光感。而略带柔粉的颜色，仿若健康指甲肉粉色的自然流露，用它打造裸妆再好不过。

3．几粒水钻，让裸甲小放光彩。

裸甲向来低调，但将几粒小水钻粘在珠贝般的指甲上，是今年指甲裸妆很流行的做法。要领是每只手只粘1～2个指甲就好，每个甲面最多不能超过3粒水钻，放在甲面的上斜角或者底部都会很好看。10个指头粘满水钻可不是裸妆的风格，而且还会显得很俗气。

【懒美丽贴士】

指甲休养注意事项

1. 补钙前先去油膜

正常的指甲上覆有一层可防止脱水或开裂的自然油膜，因此，在为指甲补充营养之前，应该先用洗甲水洗去这层油膜，然后用温水洗净指甲，再进行护理。

2. 定期素甲有利健康

花样甲色固然好看，但是如果甲油在指甲上的时间超过3天，指甲的透气性就会下降很多，长此以往会加速指甲分层、断裂的危险。给指甲做“裸妆”就不会有这样的烦恼。它轻薄又透气，无须频繁“卸妆”。所以，经常涂指甲油的人最好也偶尔给指甲化裸妆，以保证指甲得到畅快呼吸，维持健康。

涂指甲油偷懒妙招

涂指甲油时，通常先从指甲根部中间向前涂一笔，然后再沿着指甲的两侧各涂一笔。为了让指甲油持久度增加，也可以在指甲前端先刷上一层，然后再在整个指甲上刷一遍。

想要令刚刚涂完的甲油快干，除了动用吹风机，还可将指尖浸入冰水中，这比吹风机的速度还要快。

Step－1 软化。在40℃左右的温水中滴入几滴橄榄油和杏仁油，软化的过程也因此变为指间温润的享受。

Step－2 清洁。甲缝是资深美女不能放过的细节。用甲条扁圆的前端清除污垢，不可太深，否则会伤到细嫩的甲肉。

Step－3 去死皮。甲周的死皮已经充分软化，用专用工具挑出死皮，而不要看似方便用剪刀，那样会使甲周凹凸不平。

Step－4 造型。纤纤玉指造型的诀窍是：始终从一侧的“外角”向“前缘”方向打磨，最易造型还不会伤到指甲。

Step－5 滋养。甲根皮是指甲营养的供应源，在此处点上营养油，再用手指轻轻按摩，让指甲享受滋养餐。

Step - 6 上油膜。如护肤一般，滋养后再穿上一层锁水乳。先刷一层钙油，再刷一层亮油，锁住营养，调整光泽。

有人说，想知道一个女人的生活精致与否，就注意她的指甲吧！连指尖细节都处理得完美的女人，可以想见她生活的精致与闲适。按照上面几个小步骤，不经意间就展露出了完美，看来做个精致小女人其实是件很简单的事啊。

【懒美丽贴士】

三种指甲最爱的小食材

1. 橄榄油，让指甲焕发光泽感。

裸甲妆对指甲的光感、质地要求很高。虽然现在有“亮甲油”能即刻制造出漂亮的光泽感，但想让指甲由内而外透出健康的好气色，细心的养护才是根本之道。橄榄油在生活中很常见，在洗手的水中滴上几滴，能让手部皮肤湿润又有光泽。指甲晦暗无生气时，直接用橄榄油按摩能很好地滋养指甲，让光泽感由内而外焕发出来。

2. 杏仁油，防止甲周长倒刺。

不长倒刺是裸甲的基本要求。不少人常有指甲周围长倒刺的烦恼，性子急的喜欢用手去扯，弄不好就会留下一道血口子。其实杏仁油就能解决这个烦恼。每天把指尖在温热的杏仁油中浸上一刻钟，然后分别按摩指甲的外皮。甲周长倒刺的现象一般三天后就能好转，之后每周做一次基本就不会再复发了。

3. 牛奶拌香蕉，给指甲补补钙。

易分层、断裂的指甲，一是由缺钙造成的，另一个原因就是劣质甲油伤害过度，牛奶拌香蕉的“补钙餐”能修复它。其做法是将香蕉捣成泥状，混合上鲜奶，让双手在其中浸泡一刻钟。香蕉能促进指甲保护膜的生长，牛奶的乳酸成分可以去除死皮，丰富钙质，还能增强指甲的韧性。这种“补钙餐”一周吃一次最好。

做好足底浴疗，美丽遍及全身

俗话说：“养树护根，养人护脚。”双脚被比作“人体之根”，也有人体“第二心脏”的美誉。从解剖学观点看，腿脚是全身的支柱：人体共有206块骨头，双脚就占了52块。可见脚是智慧之根、健康之本，尤其是经常穿着高跟鞋在外面奔波的MM们，脚承受的压力相对更大。现代医学认为，人体的五脏六腑在脚上均有相应的投影，即将脚伺候好了，可以解决身上很多健康问题。因此，健康的双足不仅能让你肌肤美美，也能让你精力充沛，做个十足的氧气美人。对于那些住宅旁边没有正规沐足店，而自己又对足部按摩情有独钟的MM们，不妨试一试家庭自我足部按摩。足摩DIY分泡脚药水制作、指法、按摩三个部分，这和一般沐足店的程序差不多，听上去比较复杂，操作起来其实并不难哦，不信，你看看便知。

舒雅良子的技术总监、国家级高级按摩师冯继来先生认为，如果沐足的主要目的仅仅是消除疲劳，沐足汤药其实并不那么复杂。根据7年的按摩经验，他总结了一套价格便宜、非常实用的药方。这个药方总共9味，分别是：伸胫草、桂枝、艾叶、地附子、红花、当归、苏木、甘草、没药。

具体做法是：取以上药物各30克，将药物放入药锅中，加入适量的水，用文火煮上1个小时，储藏待用。“其实不必那么精准，家庭使用，只须用手抓少许就可以了。一般来说，每样30克的用量足以使用10次。”冯继来解释道。

每日洗脚时，在脚盆中倒入热水，加冷水冲温，温度略高于体温即可，大约45摄氏度左右。然后倒入一小勺煮好的药汁，比例大约是水的1/10。冯继来进一步解释说：“许多人喜欢用很热的水烫脚，这对脚部有一定的损伤，我们一直建议用温水泡脚，但要注意保持水温。而且，脚盆最好比普通脚盆略高，这样可以保证脚的胫骨以下全部没在药水中。时间一般以半小时为宜。”

对于专业的足部按摩师来说，手法多种多样是必须的，对于家庭保健来说，四种手法足以自用了。

1. 抚摸

要领：将手指并拢，用手掌和指腹沿着按摩部位微微用力缓慢滑动，其原则是从肢体末端出发，采取由外向内、由下而上的方式进行。这属于按摩的基本手法，可以融汇贯穿于身体任何部位的按摩之中去。

功效：此法可缓解肌肉的酸痛与疲劳，促进血液良性循环。

2. 揉捏

要领：对于脚趾和脚跟等较小部位的按摩，可以采取食指和拇指相配合的形式，借助指腹适当用力，而对于较大部位的按摩，可以采取右手四肢并拢成弯曲状，并用虎口进行力量适中的抓捏按摩。

功效：使力道渗透到皮下组织、可舒筋活血。

3. 挤压

要领：用有力的拇指进行垂直或者是旋转式的深入按摩，此法不太适应大面积的按摩，更多的是适应于穴位的点击式按摩。

功效：消除疼痛，活血除淤。

4. 拍击

要领：将双掌掌心相向，两掌微弓进行拍打，按摩之前可以起到唤醒肌肤活力的作用，而按摩之后，则可以对经过处理的部位进行一个还原性的安置，以让肌肤细胞充满活力，担当起属于自己的岗位责任。。

足部共有五个反射区：分别为腹腔神经丛、脾脏、肾脏、输尿管、膀胱。这五个反射区是无论在按摩的开始或结束时都必须加强的五个反射区。

全足按摩，应先从左脚开始，按摩3遍肾、输尿管、膀胱三个反射区，再按脚底、脚内侧、脚外侧、脚背。在按摩时，关键点是要找准敏感点，这样不需要用多大力量，被按摩处就会有酸痛感觉，才会有疗效。

按摩力度的大小是取得疗效的重要因素，力度过小则无效果，反之则无法忍受。所以要适度、均匀。所谓适度，是以按摩处有酸痛感，即“得气”为原则。而所谓均匀，是指按摩力量要渐渐渗入，缓缓抬起，并有一定的节奏，不可忽快忽慢，时轻时重。

在进行按摩治疗时，要根据各人的病种、症情及体质掌握好按摩时间，一般对单一反射区的按摩时间为3~5分钟，但对肾、输尿管、膀胱反射区必须按摩到5分钟，以加强泌尿功能，从而把体内的有毒物质排出体外，总体按摩时间应控制在30~45分钟。

【懒美丽贴士】

足底DIY的几个专业建议

上面介绍了懒人在家里DIY足浴的几个必要环节，其实足浴泡脚还需要格外注意几点。

生活中，有些人习惯在泡脚时把脚泡得通红，并以为水温越高，效果越好。事实上，泡脚水不能太热，以40摄氏度左右为宜。这是因为：一方面，水温太高，双脚的血管容易过度扩张，人体内血液更多地流向下肢，容易引起心、脑、肾脏等重要器官供血不足。另一方面，水温太高，容易破坏足部皮肤表面的皮脂膜，使角质层干燥甚至皲裂，那时就得浪费我们很多足底按摩霜了。

除了水温外，泡脚时还应注意以下问题。

第一，泡脚时间不宜过长，以15～30分钟为宜。在泡脚过程中，由于人体血液循环加快，心率也比平时快，时间太长的话，容易增加心脏负担。所以说，泡脚时间不要太长，适当就好。

第二，饭后半小时不宜泡脚。吃完饭后，人体内大部分血液都流向消化道，如果饭后立即用热水泡脚，本该流向消化系统的血液转而流向下肢，日久会影响消化吸收而导致营养缺乏。因此，最好吃完饭后1小时再洗脚。

第三，中药泡脚不要用铜盆等金属盆。因为此类盆中的化学成分不稳定，容易与中药中的鞣酸发生反应，生成鞣酸铁等有害物质，使药物的疗效大打折扣。中药泡脚最好用木盆或搪瓷盆。

“春天洗脚，升阳固脱；夏天洗脚，暑湿可祛；秋天洗脚，肺润肠濡；冬天洗脚，丹田温灼。”古人如此推崇足浴，看来想要使玉足纤纤，足浴是少不了的啦。慢着，MM们不会都跑去DIY足浴去了吧。

打造完美腿型为你添彩

夏天来了，许多爱美的MM将注意力渐渐从对脸部的美容保养转移到了腿部，因为在裙装为主的盛夏，一双美腿更能成为闪光点。然而不是每个MM都天生拥有一双标准的长腿。可能你有恼人的萝卜腿，或是内、外八字走姿，但小缺陷绝对可以靠后天的努力改善。你又会嘟哝说，夏天这么热，跑到健身房人都快要累趴了，哪还有时间去锻炼。那么不想去健身房锻炼的“懒”MM们这下子尽管偷着乐吧。想拥有一双修长的美腿，并不用去健身房找一个专属教练来打造。在家里一张凳子、一面墙和几本字典就能够搞定。大腿内侧无赘肉、膝盖光光显顺畅、脚踝纤细不粗大、小腿修长如萝卜、臀部丰满要挺括，这些美腿标准很快就会在你身上兑现。

锻炼大腿的运动：夹球前后举。

动作要领：适合在家中地板上完成，借用健身球保持腿型。趴或躺在地面上，腿部用力将健身球抬高至空中，直到小腿跟大腿呈 90 度角为止。一定要把腰部贴在垫子上，避免腰部用力导致动作走形。

锻炼膝盖的运动：倚球下蹲。

动作要领：可不用健身球辅助，但下蹲时膝盖不要超过脚尖，主动用臀部去坐“身后的椅子”。下蹲时膝盖不要内锁，起身时膝盖也不要锁死（即不要完全复原膝盖），否则易对膝盖造成损伤。

锻炼小腿的运动：杠铃提踵。

动作要领：坐在健身球或椅子上，放哑铃或几本字典在膝盖上。有节奏地提踵。

锻炼臀部的运动：扶墙后踢。

动作要领：单手扶墙，挺胸抬头，臀部用力使外侧腿后抬至极点，再缓慢回复到原位。20 次后换一侧锻炼。

这些瘦腿运动简单易行，可惜在办公室狭小人多的空间里不太适合。上面这些动作很适合在家里练练，如果在办公室也想运动瘦腿的话，很好办，下面的几个简单动作就可以有效防止大腿变粗。

1. 坐在椅子上，伸直双腿让脚与地面保持一定的距离，把脚尖伸直，保持这个姿势 5 秒钟。

2. 脚尖伸直，脚面向上呈 90 度角，让脚后跟和小腿肚的筋伸展开，保持 5 秒钟。

3. 用脚踝的力量旋转双脚，同时可以拉紧小腿肚的肌肉。

4. 在上楼梯时用脚尖着地，同时将脚跟向上提起，可以很好地拉紧腿部肌肉。

5. 坐在椅子上，挺胸，保持两腿交叉、脚尖着地的姿势，上面的腿使劲往下压，下面的腿使劲向上顶，约 10 秒后双腿互换位置照样做 10 秒钟，2～3 遍即可。做这个动作不需屏住呼吸。

6. 90 度角侧踢腿，保持时间越久越好。每条腿做 3 组，每组 10 次。

7．将靠枕夹在小腿中间，大小腿成 90 度角。缓缓抬起小腿，保持 3 秒左右。重复动作 10 ~ 15 次。

8．到影印机影印或 FAX 时，先提起一只脚成 90 度角，再用另一只脚的脚尖撑起全身。每只脚做 10 次。

在家里和办公室都坚持做了瘦腿运动，腿部有了明显改善，你心里肯定有一阵小激动吧？想要再接再厉更见成效么，那就到运动场或者更宽阔一点的地方来活动活动吧。

1．腿并拢，两脚前脚掌踩于台阶上，两脚尽力向上提脚后跟，直立在台阶边，然后缓缓向上收缩小腿部肌肉，当小腿肚颤抖发酸时再落下，同时尽力下压足跟，使之落于台阶水平面下，但脚跟不要沾地，待小腿肚颤抖发酸且再提起。尽力反复做这一动作。

2．左腿向前弓步，左脚尽力向上提脚后跟；右腿尽力向后伸直，足跟着地，脚趾向前，然后身体缓慢用力下压至腿部肌肉颤抖发酸，再换右腿弓步。反复做。

3．左脚提脚后跟直立，右腿向前伸直抬起，脚向上勾，停顿，脚面绷直，停顿，直至腿部肌肉颤抖发酸，再换右脚提脚后跟直立，左腿抬起。反复做。

4．脚跟抬起，两腿打开尽量向下蹲。此动作不但能拉长小腿肌肉和韧带，还能还你漂亮的脚踝。上身要挺直，双手交叉自然放于身前，抬脚跟时吸气，下蹲时呼气。

5．双手交叉伸直抬至头顶，尽力向上伸，同时吸气，双脚并拢身体呈 S 形曲线，呼气，然后自然呼吸，幻想要坐到椅子上。此动作可拉伸整个腿部肌肉，觉得有难度可稍稍打开双脚。

6．站立，左腿微曲，右腿从前绕到左腿上，用右脚勾住左脚踝，胳膊与肩同高，大小臂弯至 90 度，右胳膊从左胳膊前绕至两手掌心相对，身体呈 S 形。（也可反向）经常做这个动作，可促进腿部血液循环，不但能改善身体曲线，还对小腿的静脉曲张有很好的缓解。

7．坐在垫子上，上身挺直，两腿伸直，吸气抬左腿与地面成 45 度角，呼气双手抓住左脚，自然呼吸。反向亦然。这个动作很简单但效果明显，做时要注意一定要挺直腰背部。

8．站立，弯右腿使右脚踩在左大腿内侧（若踩不到只要能踩到左膝盖内侧就可），同时双手合十举至头顶，尽量向上伸。反向亦然。常做能让人体态挺拔，而且对关节处也很好。

9. 单腿蹦各50下，可以适当加量。（先做好热身哦）

如果说无论是在家里，办公室还是在运动场，你都坚持运动了，那你也是个勤快的懒美人了，那么今年夏天街上的美腿女王肯定非你莫属啦！

【懒美丽贴士】

大明星们的美腿小法术

小S美腿秘法：平躺在床上做一些抬腰伸腿的小运动，或者经常穿着适脚的高跟鞋慢走。

大S美腿秘法：穿防静脉曲张裤袜，每天倒立双腿15分钟，平时多饮薏仁水消肿。

莫文蔚美腿秘法：经常做倒立和空踢等训练动作，小心不让双腿受伤、运动后还要涂抹润肤乳，让双腿又纤瘦又光滑。

郑秀文美腿秘法：步行、缓步跑和跳舞会使大小腿的肌肉得到一定的锻炼。

梁咏琪美腿秘法：随时扭扭腰、踢踢腿，都有利于保持双腿肌肉的结实。

舒淇美腿秘法：尽量多站立、多走动，改掉总坐着不动的坏毛病。

陈慧琳美腿秘法：吃有瘦腿作用的食物，如海苔等。

吴辰君美腿秘法：压腿运动可以减大腿，倒吊双腿可以减小腿，平时多走路和爬楼，尽量少开车、少坐电梯。

你也可以拥有纤美腰部

腰部小肉肉是减肥的一大难关，尤其是25岁之后的懒MM，因为内分泌等原因，稍微多吃一点腰部就明显长起来了，坐在车上，稍微一颠簸就能感觉到小肚肚的微颤，令爱美的MM很是绝望！适量控制饮食是当然的了，但是也不能一点也不吃吧。碰到这种情况该怎么办呢？

大家上学的时候都做过广播体操吧？里面有个“体转运动”，其实对纤腰很有帮助哦。这种运动是扭转上身和腰部，能锻炼腹外斜肌，消除腰部的赘肉，使你拥有纤纤柳腰。坐在地上，用手抓住一只脚的脚踝，往脸的方向拉过来。可以边看电视边轻松地做。做体操时不必太拘束，秘诀就是尽量扭转上半身。熟练后，把脚一直拉到肩膀附近。这种方法，也可以锻炼腹部肌肉，并能达到使大腿结实的效果。当然，最大的效用在于可使腰部纤细。

在健身房，涉及腰部塑形的器械虽然并不多，但只要利用得好，也会让腰部曲线短时间内就显现出来哦。

第一种是坐姿下背练习器。双腿略微分开，与肩同宽，双手可以自然放在膝盖上，也可以交叉放在胸前。选择合适的重量片，以不感觉吃力但又能感受到重量的压力为佳。收腹挺胸，身体慢慢向后推至极限然后放松。

第二种是罗马椅。双手既可以交叉放在胸前，也可以反向身后相握，如果想要增加动作难度，可以把双手放在后脑勺。身体前倾的时候，尽最大可能让上半身与地面垂直，用力的时候让腰背肌、腹肌和臀部肌肉带动身体向后伸展，至最大限度。动作不宜过猛，节奏越缓慢刺激的强度越大。

还有一种就是利用健身房和自己携带的瑜伽垫做的垫上运动。分别锻炼上腹部和下腹部，通过加强这些部位的活动达到消耗脂肪的目的。平躺在垫上，双手自然放在身体的两侧。双腿抬起，大腿与地平线以及小腿与大腿成90度角。运用下腹及大腿的力量使两腿依次下放再挂起。腿下放的时候不要碰到地面。重复多次，觉得合适就行了。

塑造美臀，从日常做起

魔鬼身材的硬性指标之一肯定少不了惹火的美臀，那么什么样的臀部最能掠获眼光，堪称完美呢？挺翘、圆润和结实是美臀的三大必要条件，加上弹性的触感与柔嫩的肤质，结合了视觉和触感的美臀，必能燃起熊熊的热辣之火，夏日的海滩上如果飘过这么一个翘臀 MM 的话，所到之处必定是人仰马翻，降将无数！无怪乎，许多艺术家和文人都不可自制地受到“臀”的致命吸引。看看古希腊的雕塑，无论男女都有着无与伦比的美臀，让人叹为观止。亨利·米勒在《北回归线》中提到：“我看到她每晚坐在那儿，圆滚滚的小屁股陷在柔软的沙发里，简直要令我疯狂……”19世纪最善于描绘后街女性的画家罗特里克，笔下的美臀一律是粉白浓腻，“丰腴圆满的臀部与软玉温香的大腿相连，好像要滴出蜜汁般的诱人……”还有《七年之痒》中的玛丽莲·梦露，那个让全世界影迷终生难忘的白天鹅造型的经典之处在于，这一镜头将梦露性感丰满的美臀和身材展露无遗，写下了潮流史上最为回味无穷的性感美臀物语。20世纪60年代末美国性解放之后，梦露的美臀毋容置疑地成了全美男士心目中不可亵渎的图腾。别说男士，即使是女性看了如此美臀，没有几个能忍住不多瞄几眼的，这点大家都同意吧。

女人浑身上下有三个部位最能体现其魅力，即：胸部，腰部和臀部。比起前两者，臀部可能更是很多女人的难题了。胸部小的话，可以用丰乳产品，药物以外的丰乳方法更是数不胜数。腰部嘛，虽然是最容易胖的部位，但是只要下决心，也会是比较容易塑形的一个部位。臀部就不一样了，别说市面上不存在“丰臀霜”，就连现在那些“提臀裤”等提臀产品都很难改变臀部天生的形状。

网络上曾经疯传着“中国第一美臀”的一组照片，非常吸人眼球。其实，只要注意一些小细节，坚持做做美臀操，你的性感小臀部绝对不输于“中国第一美臀”。不过罗马非一日建成的，臀部的美也不是多吃一块肉或者美美容就可造就的。先让我们来看看平时一些不利于美臀的小姿势和小动作吧。

1. 斜坐的软骨头

坐，可是一门大学问。虽不需要像练功一样要求“站如松，坐如钟”，但坐不好，不仅背脊体型受影响，臀部也会随时间增长而变型。看看你有没有以下这些不良坐姿：像软骨头似地斜坐在椅子上。斜坐时压力集中在脊椎尾端，会造成血液循环不良，氧气供给不足。只坐椅子前端1/3座。这是面试时的礼仪，会显得比较优雅得体，但平常就不需要这样啦。因为重量全放在臀部这一小方块处，长时间下来不疲惫变形才怪！平时可以偷懒的时候一定要偷懒。

2. 长时间久站

坐太久压迫臀部不好，站可就没问题了吧。错！站太久，血液不易自远程处回流，造成臀部供氧量不足，新陈代谢不好，还可能会引发静脉曲张的恐怖事件呢！如果你不是站柜台的MM，找准机会就见缝插针适当坐一会儿。

3. 抽烟、喝酒、熬夜

抽烟、喝酒、熬夜，压力虽大但用不着臀部出马，跟臀型美不美可没关系了吧？错！错！错！不良生活习惯与臀形绝对有关系。血循不好、代谢不良、结缔组织松弛，你怎么还敢奢求要求有丰盈圆润的臀部呢？

4. 口味重的饮食

高热量、高甜度、口味重的现代人的饮食模式，后天肥胖和这个关系密切。如果你又不爱动动手动动脚，肥肉，脂肪当然日积月累地堆放在那里，直到有一天体重机的指针将吓你一跳。

5. 运动时穿三角内裤

运动时穿着薄薄的没有支撑力的三角款式内裤，年轻时不觉有何不妥，用不着等到年老体衰，你的臀部就会因为弹性纤维组织松弛、支撑力不够而向地心看齐了。

看了这些是不是有些怕了？偷偷摸摸自己的小臀部，有没有出现松弛往下坠或者瘪平无形的症状啊？再回想一下平时有没有注意这些细微之处呢？其实，年轻最大的资本就是什么都可以重新开始，MM 们不用怕，只要你从现在开始，坚持做做美臀操，拥有傲人小美臀很 easy 哦！快跟我们一起来练美臀的简易瘦臀法。

1. 紧臀操

运动步骤：

（1）脚尖朝外直立下蹲（直立时一定要收紧臀部）。

（2）仰卧，依次抬起臀部（收紧），再挺起下背部、中背部、上背部，大腿与地面平行，保持此姿势 10 秒钟，再由上背部依次缓缓落地。

（3）俯卧，脚上抬，保持 10 秒，落下。

（4）俯卧，腿离开地面，脚尖朝外开合。

以上动作做 10 ~ 20 次。

2. 椅子上的臀部练习

动作步骤：

（1）身体尽量正，屈腿小幅度上抬，频率要快（腿尽量不落地）。

（2）身体正，腿部伸直，小幅度上抬，频率快。

（3）半跪，身体尽量正，腿部伸直，腿部小幅度上抬，频率快。

（4）半跪，身体尽量正，腿部伸直，小幅度上抬，频率快。

以上每个动作做 50 ~ 100 次。

3. 负重的臀部练习

运动步骤：

（1）跪撑，侧抬腿起落。

（2）跪地，前额贴小臂，大腿向上起落，落点与身体平行。

（3）跪撑，一腿伸直，脚尖朝外，侧抬。

以上每个运动做 10 ~20 次。

注意：小腿所敷沙袋为 1.5 ~2 千克。做每部分练习，都要先做热身运动，以免拉伤。做完后需做伸展性练习。

是不是嫌上面的不够，这里还有 10 种美臀大法，也可以供真心想美臀的 MM 们参考。

1. 双臂伸直扶墙壁，右腿站立，重心移右脚掌，然后身体向前弯曲，一边呼气一边把左腿向右伸直，尽量抬高。双腿交替进行，各做 15 次，双腿不要弯曲。早晚各做一遍，每天坚持做，这样锻炼能使腹部收缩，使腰部到臀部形成一条优美的曲线，达到健美的目的。

2. 身体站立，双手叉腰，然后弯曲膝盖，保持微蹲的姿势，然后收腹，接着向后收臀，此为一完整动作。连续做以上动作。

3. 脚踩着绳子，两脚成前后步，接着下蹲，使前后脚的大腿及小腿都成 90 度。

4. 双脚微曲平躺地上，双手平放在两侧，利用腰力引体上升，维持约 5 秒后，将身体平放在地上。重复动作 15 次。

5. 仰卧在床上，双腿伸直，双臂成一字分开，举右腿与床成直角，慢慢向左指举去，尽量碰到左手指，右腿保持伸直，左手保持水平，还原。换成左腿，向右手指举去，重复进行。

6. 让双肘及膝盖伏在地板上，收缩腹部、臀部及腿部的肌肉。抬起左腿至臀部高度，并使膝盖弯曲成直角，保持数秒。收左腿，然后换右腿重复动作。

7. 爬楼梯，简单又省钱，但是，因为每栋办公大楼几乎都有电梯，大家搭电梯习惯了，怎么可能还想爬楼梯呢！其实，爬楼梯有很多好处，可以消耗卡路里，另外，如果你在走楼梯时，每次踏两个阶梯，可带动你的大腿及臀部肌肉群，紧实你的臀部。

8. 找一把椅子，扶着椅背，一脚站直，另一脚在空中向后伸展，约 2 秒后，放下。动作重复 10 ~15 次，接着换脚再做。

9. 双脚分开站立，宽度比肩，两臂侧平举成水平状。两臂向下至腹部交叉，同时膝盖弯曲，腿微微下蹲，然后回复到预备姿势。

10. 跪在地上，用双手撑住地面，单脚屈起向外侧伸展，左右脚轮流做 20 次。

情迷高跟鞋

高跟鞋是现代每位 MM 的必备之物，虽然 MM 们对它的种种不适和不利都心知肚明，但基本上所有的 MM 对之都是爱不释“脚”，有的甚至患上了“嗜高症”，鞋子是越高越好。那些走 T 台的模特已经够高的吧，可是她们各个都蹬着一双巨高无比的鞋，有的 MM 离开了高跟鞋，连自信心都消失了一半。高跟鞋的魅力在哪儿呢？高跟鞋除了能瞬时增加高度，弥补先天的身高不足之外，更重要的是其可以增进诱惑。高跟鞋使女人步幅减小，因为重心后移，腿部就相应挺直，并造成臀部收缩、胸部前挺，袅娜的韵致和款款莲步应时而生。

不过想真正得到美丽与舒适的统一，其实是非常困难的事，但让 MM 们和高跟鞋说 Bye - bye 是不现实的，大家也懒得再去改变现在的穿鞋习惯。其实，高跟鞋倒不是那么万恶不赦，关键在于正确的穿法。因此 MM 们要学会穿高跟鞋，利用高跟鞋为自己展现更迷人的魅力。虽然，我们无法解决美丽与舒适的绝对统一，但是我们只要稍加注意就可以预防脚病的发生，免去那些因为穿高跟鞋而带来的不必要的麻烦，因此喜欢穿高跟鞋的 MM 要注意啦。

1. 平时不要总穿相同高度的高跟鞋，以免脚部同一处经常受到挤压。

2. 平时端坐时，应先弯曲双脚，然后轻轻将双腿伸展，维持此姿态 30 分钟，不要抬起双腿，可使脚部放松。

3. 穿着高跟鞋走路时应挺胸收腹，自然大方，稳步而行，不宜弯腰曲背，也不宜疾走快跑，更不能上山爬坡。

4. 平时多注意脚部的保养，养成热水泡脚的习惯，并适当地按摩一下。

5. 穿鞋跟比较高的高跟鞋要注意场合，不要在平时挤车，或在不平整的马路上穿，因为这种鞋是为特殊场合设计的，如舞会等。

6. 平时穿高跟鞋走路应注意休息，休息时可以把脚尖翘起，活动一下小腿。

7. 最好不要赤脚穿高跟鞋，这样会伤害脚部的皮肤。

8. 穿尖头的高跟鞋时，要注意有时间活动一下脚趾，这样可以舒缓疲劳，防止同一部位过分受到挤压。

9. 穿高跟鞋走路，脚跟要不时向后移，不要因为高跟而导致脚趾受力过大，要给脚趾一定的空间，哪怕很小。脚趾使劲往前冲，看上去也不美观。

11. 选购新高跟鞋一定要稍微紧一些，不要太大。

作为职业女性，如果你每天必须都得穿高跟鞋的话，不用急，这里有供高跟鞋 MM 们的自救方法，即立即做一下反向的伸展活动！这个动作能够撑住背部、臀部等部位，它能使肌肉轻柔地伸展，促使血液畅通，排除体内废料。

休息时伸展运动：此时的身体处于极其放松的状态，这是调节全身、运动肌肉的最佳时段。取放松的立姿，一手紧握椅子靠背。骨盆稍向前移，略屈膝。肩膀放松并保持挺直，将重心移向脚后跟。保持这一姿势 40 秒钟，然后歇 1 分钟。左右重复练习 5 次。晚上将双腿向上举高 10 分钟，然后在原地散步几分钟。或者身体站直，脚张开与肩膀同宽，右手向身体左侧弯，重复做 4 次后再换另一侧。用力时吐气、放松时吸气，这有助于舒筋活络。

办公室的伸展运动：久坐不动或者是叠腿坐姿即“二郎腿”必使大腿肌肉呈现缩短状态，会引起肌肉痉挛和背部疼痛。所以爱穿高跟鞋又总是久坐不动，或者总是爱翘起“二郎腿”的高跟鞋 MM 们适合练习以下运动，有助于肌肉恢复平衡。采取挺直坐姿，两腿尽量叉开，直至从大腿内侧至足部的肌肉出现轻微的紧张感觉为止。此时脚尖应放松，双手完全靠近臀部，掌心紧贴地面并向下施压，直至脊椎完全挺直为止，双目注视前方。保持这种紧张状态 40 ~ 60 秒钟。全身重新放松。重复练习 3 ~ 5 次。

奔波时伸展运动：在外奔波，小腿肚最受罪，长久会引起腿部劳累或夜间痉挛。取弓步姿势，一腿前，一腿后，前腿放松，后腿伸直，双脚保持平行，上身稍向前弯曲，但背部应保持挺直。后腿的脚后跟紧踏地面 40 秒钟。歇一分钟，然后重复上述练习，做 5 次。换腿再做 5 次。

除了上面的运动补救方法外，还应该注意走路的姿势。脚尖往前伸直，着地时让膝盖保持弹性，臀部夹紧、上半身挺直。这样可以避免压力分布不均，从而改善腿部、足部浮肿的现象，促进血液及淋巴腺的循环，远离腿部酸痛。

足部呵护：回到家里，立刻脱下高跟鞋，光着脚走路。这样可以让你的脚彻底放松，摆脱鞋子的约束，也是最简单的消除腿部与足部疲劳的好方法。

对了，对于爱穿高跟鞋的 MM 们来说，形体专家们的言论肯定会让你欣喜不已。专家说其实走姿对后天腿形的塑造会有很大的影响，走姿为内八的人，就容易变成开开的 O 形腿，而走姿为外八的人，则容易变成怪怪的 X 形腿，所以走姿正确是美腿必修课！有专家认为高跟鞋是让每个女人变美的“灰姑娘的玻璃鞋”，所以只要是女人就有必要学会穿高跟鞋，而且要走得轻盈亮眼，成为路上流动的风景线！穿高跟鞋时，会有抗地心引力的提臀效果，脚板也比较不会像常穿球鞋的女生而愈变愈宽。虽然穿球鞋很舒适轻松，但太放松的结果是使上半身重心往下，让不正确的姿势更放肆，造成对脊椎和骨盆的伤害，严重的反而不如穿高跟鞋但姿势正确的人来得健康。很多女生虽然爱高跟鞋，但因为不知道如何穿着走才会漂亮，所以走路一拐一拐的，有的甚至用踩步拖着鞋走，看了还真让人唏嘘不已。形体专家建议要练走姿，就要从难度最高的高跟鞋开始，这样不管穿什么鞋，走起来都会有模有样、摇曳生姿！

以下是形体专家提出的几点注意事项。

1. 穿高跟鞋，上半身要挺直（注意姿势，不要前倾或后仰），吸气收小腹，把气停在胸腔的位置。

2. 应以大腿的力量将大腿轻轻抬起带动小腿往前跨出步伐。（很多人平常都是用小腿的力量在带动步伐，所以会有不美的拖步走姿）切记大腿一定要抬起来，虽然只是微微抬起，但这可以让身体的重心向上，而不是一直让重心放在下半身的脚步上。这样步伐才不会沉重、疲累，而是干脆、轻盈。

3. 跨步着地时，记得不要用脚跟或脚尖着地，要用脚板中间的部位着地。这不但会让走路时对双腿产生的压力减轻，更是穿高跟鞋必懂的礼仪，这能让鞋跟着地所产生的不悦耳噪音降至最低。

4. 两脚交互跨出时，不一定要成一直线，只要各脚自然往前走即可。两手放松垂下，自然摆动，看起来就很大方了。

5. 练习时要随时注意上半身在跨出步伐时是不是维持在两腿的中间。可以对着镜子、反射的落地窗或者请朋友帮忙看，这样可以有效地检视身体是否有前倾或后仰的错误姿势。

挑双舒适的高跟鞋，掌握正确的高跟鞋穿法，再及时做些自救的小运动，就算你是“嗜高症”患者，问题应该也不大了。

【懒美丽贴士】

选购高跟鞋要重“跟”与“底”

鞋的款式取决于个人的偏好，可以根据自己喜爱的风格选择，但一双高跟鞋的“跟”和“底”，一定要有完美的重点部位，因为那是影响走路舒适度的关键。选择方法是，买鞋时，把一双鞋放在方便检视的柜台桌面或平滑的硬椅子上，先看两只鞋的鞋底和鞋跟是不是平稳的贴于地面，再看整条鞋跟是不是有歪斜。一双好鞋一定要有很直很稳的鞋跟，才能好好贴身侍候主人。还有一个穿高跟鞋的小窍门，送给小腿比较短的MM，那就是尽量穿无系踝或系踝带很细的高跟鞋这样可以让被拱起的脚前背，在视觉上成为小腿延伸的一部分，因而让腿看起来更修长。

告别汗毛的困扰

夏天到了，终于可以穿上各式各样美丽的裙子了，可是，胳膊上、腿上的小汗毛却像草原上的小草一样长得生机勃勃，着实不太雅观！男生为了仪表整洁都将脸刮得干干净净的，MM的爱美之心远胜他们，自然不能容忍有碍仪容的事情发生。怎么办呢？脱毛吧。可能有MM会跳出来说：毛发受之父母，为什么要拔除？内因：激素分泌失调，药源所致，洁身需要；外因：容貌诉求，着装需求，前沿时尚的追求。当体毛过长或过于浓密时会影响美观，特别是一些女性唇部汗毛浓密，看上去象长了胡子一般，简直是噩梦啊，这样会严重影响女孩的容貌美，所以必须将这些不请自来的汗毛剔除。当然，如果你的汗毛很细很短很少，那恭喜你，这一节你可以跳过不读。

现在常用的脱毛方法有两种：永久性脱毛和暂时性脱毛。

永久性脱毛是利用脱毛机产生超高频振荡信号，形成静电场，作用于毛发，破坏毛囊，使毛发脱去，并且不再长出新毛，达到永久性脱毛的效果。这种脱毛方法无痛苦，不损伤周围皮肤，多次使用可使毛囊受损，失去再生毛发的能力。常用于脱去腋毛、倒长的睫毛及杂乱生长的眉毛等。这是一个一劳永逸的好办法，不过花费相对较高，还要看准美容机构的设施和条件。

暂时性脱毛是利用脱毛剂或脱毛蜡等将毛发暂时脱去，但不久还会长出新毛。脱毛剂包括脱毛液、脱毛膏及脱毛霜等，其中含有能够溶解毛发的化学成分，可溶化毛干，达到脱毛的目的，多用于脱细小的绒毛，经常使用可使新生毛发变细变轻，而且具有使用方便的特点，可以在家中自己使用。化学性除毛剂对皮肤刺激性较大，因此不能长时间附着于皮肤上，使用完毕一定要用温水清洗干净，然后涂上营养霜。注意，注意，过敏性皮肤不宜使用这类除毛剂。脱毛蜡又分为冻蜡和热蜡两种。冻蜡的主要成分为多种树脂，粘着性强，可溶于水，呈胶状。使用时不用加热，可直接涂于脱毛处皮肤，并与皮肤紧密粘着，无不适感，适用于敏感部位的皮肤脱毛。热蜡为蜂蜡与树脂混合而成。一般呈固体状态，使用前需加热溶化，待温度降低到适宜皮肤时，方可涂在皮肤上。冻蜡使用方便，但成本较高。热蜡成本较低，用过的蜡经过消毒、加热、滤去毛发后可重复使用，但操作较麻烦，且应熟练、准确地掌握蜡的温度，以免过热灼伤皮肤或因过凉影响脱毛效果。因为技术要求比较高，所以脱毛蜡一般都在美容院中使用，MM 们最好不要自行使用。

啰啰嗦嗦介绍了一大堆关于脱毛的理论东西，再来谈点实用的策略。很多 MM 经常问采用哪种方式脱毛比较好，其实每种方式都有其优缺点，萝卜青菜各有所爱，关键要看哪一种脱毛方式比较适合你。

1. 脱毛膏和脱毛露

原理：利用其中的化学物质溶解毛发结构，以达到脱毛的目的。这种制剂的主要成分是巯乙酸（钙）。

适合的人：适合怕痛但肌肤不容易过敏的人。

适用部位：腋下、四肢

使用方法：使用前必须做斑贴试验。使用时应先将皮肤清洗干净，以减少刺激，用时将脱毛膏均匀涂在要脱毛的部位，5 ~ 10 分钟后毛发变软，用刮板将其刮净。

效果：专门对付细小柔软的体毛，可将大面积的毛发迅速清除。此方法对毛囊没有任何破坏，故持续时间不长，大概三天左右体毛就会再长出来。

副作用：此类制剂的化学成分对皮肤有刺激作用，频繁使用会造成红肿过敏，甚至发生皮疹，敏感体质的人更应慎用，生理期不宜使用。

2．蜜蜡脱毛

原理：用有粘性的蜜蜡粘住体毛，一并撕除。

适用部位：手臂、腿部、腋下。

使用方法：将蜡均匀涂在皮肤上，蜜蜡要紧紧贴住皮肤，以便能将汗毛全部粘住，然后盖好纱布，以拉扯的方式把盖在皮肤上的纱布扯起，把毛发连根拔除。

效果：一次可以去掉一大片体毛，即使再长出来的毛也比较细。

副作用：会引致疼痛，而且化学合成的蜜蜡容易对皮肤造成刺激，往下撕时，体毛一部分容易留在毛孔内，断了一半的毛端极容易扎入毛囊，引起毛囊炎。去毛后要特别注意清洁护理。

3．贴布

原理：同蜜蜡脱毛相似。

适用情况：适合外出旅行使用。

使用方法：根据所需部位的大小剪下贴布贴在需要的部位，用力快速撕下。

效果：轻巧方便，花的时间很短，但持续的时间较长，重新长出的毛比较细。

副作用：往下撕的动作要快效果才好，否则会非常疼。

4．剃刀

适合的人：怕痛而且皮肤敏感的人。

适用情况：适合脸部、手臂、腿部的细毛和手指上的短毛。

使用方法：要养成天天刮的习惯，否则长出一层黑色的小胡楂很不雅观。

副作用：使用剃刀刮毛，汗毛会越长越粗。如果操作不熟练，容易刮伤毛细孔，损伤幼嫩肌肤，导致红肿。

5．夹子

适合的人：毛量少，不怕痛的人。

适合情况：手臂、腿部和腋下的毛都适合用夹子脱毛。

效果：长出的毛比较细柔。

副作用：如果毛细孔清洁度不够，会使肌肤抵抗力下降，出现红肿和感染。要使用一些抗生素，以免感染。

6. 电动脱毛刀

适合的人：怕痛和过敏体质的人。

适用部位：不同的电动脱毛刀，有不同的功效和刀头，可除去不同部位的体毛。

效果：速度快又不痛，使用起来很方便，效果可维持数天，对皮肤无副作用。

7. 电疗脱毛

适合的人：非瘢痕体质的人。

使用方法：这项治疗要去医院做，除毛之前要打麻药，之后将极细的电线插入毛根，通电后破坏毛囊，每根毛要用20秒的时间。

效果：可以永久地破坏毛囊，让毛发永远长不出来。但手术后通常会有20%～30%的毛发因为毛囊破坏得不够彻底而有再次长出的可能。

副作用：在除毛的过程中，肌肤表面会出现轻微烧灼的现象，会产生暂时性的小疤痕，所以要保持伤口的干燥，大约一星期之后，小痂皮会自动脱落，如果是瘢痕体质，有可能会留下全身的小斑点。

8. 激光脱毛

原理：毛囊中的的麦拉宁色素会吸收激光的能量，通过所产生的热能交换来破坏毛囊，而使毛发停止生长。

适合的人：肤色浅，毛发较细且黑的人。

效果：通过破坏毛囊而形成永久的脱毛。

为了方便，这里还有几个脱毛的常见问题，看看对你有帮助么。

问：腿上长了一颗黑痣，从黑痣上长出了一根黑而粗的长毛，简直难看死了，怎么办？

答：这种毛发不能随便处理，因为黑痣是活着的细胞，胡乱刺激的话，很可能会恶化。可以用剃刀剃除，但这只是暂时的处理方法，要想一劳永逸，最好找皮肤科医生动个小手术。

问：剃毛会使毛发变得越来越粗吗？

答：不，剃刀剃过的毛发，毛发尖端的断面会呈现扁平状，所以毛发再生长出来，看似更粗。

问：如何减轻拔毛对皮肤的刺激?

答：为了避免造成体毛倒生的现象，脱毛时，应该顺体毛生长方向搽上脱毛产品，逆毛生长方向剃走或拔走体毛。脱毛后可立即拍上冷水收缩毛孔，搽上润肤露。48 小时内避免接触热水、磨砂与含人造香味的产品，避免引起刺激敏感。

问：剃毛后马上就能日光浴吗?

答：剃毛后毛囊与皮肤的角质层会一并脱落，皮肤表面保护机能随之降低，故不宜立即晒太阳。如是用拔的方法，拔毛过程中表皮瞬间充血，容易敏感，也应避免进一步刺激皮肤。

问：什么时候不宜脱毛?

答：早上睡醒时，皮肤往往比较浮肿；经期前及行经时，女性对痛楚比较敏感，皮肤状态不稳，皆应尽量避免脱毛。此外，糖尿病、坏血病、皮肤病及静脉曲张患者等，均不宜脱毛。

Part 7
再懒也要看一看的8句美丽建议

在适当的时候让你的美貌掌握着足够的发言权。漂亮的外貌并不是每个女孩都拥有的，让漂亮的外貌成为你的资本，在需要的时候使用一下，它可以开户你人生中的很多困境，虽然有时候有人说漂亮的女孩都是花瓶，但是花瓶如果摆在了合适的位置，它就是艺术品。有着美丽的外表又有着智慧的内在才是优秀的女人。

女人要学会善待自己

很多女人为了爱人和家庭劳心劳力，付出一切，可是她的一番苦心却换来男友和老公的嫌弃。有些女人太注重付出，结果弄得自己像个黄脸婆一样，男友外出时都不愿意带上她。

女人一定要记住对自己好一点。让自己不仅“进得了厨房”，更要“出得了厅堂”。能文能武，建立自己的小圈子，给自己保留一点私密空间，这样的你在另一半面前才会不断给他带去新鲜感和神秘感，让他对你钟情到底。

当今社会竞争异常激烈，生活节奏不断加快，女人即使是天生丽质也难逃岁月无情手。作为一个聪明女人，善待自己其实也是善待周围的人！因为当你心情愉悦、身体健康的时候，给周围的人传达的信息也是快乐的。不要有了男友就失去了自我，该放松时要放松。约上三五交心好友，去泡个 SPA，或沏上一壶清茶，和好友交换一下心事，或者给自己一个奖励，买几件平时觉得特别奢侈的衣服或者包包，让自己开心一下。周末的时候让他去洗碗，告诉他：这样也是为了他好，因为洗碗会伤手，伤了手不但影响美观，还要花很多钱去买护手霜，这样会增大家庭开销，所以让他去洗碗既可体现他的贴心，还可以省钱。这样说，他肯定很乐意去洗碗，而你呢，就可以躺在沙发上看看电视，敷敷面膜，吃吃水果，一切都是那么美好！

青春一去无影踪

《青春舞曲》这首歌大家都很熟悉吧，里面有句歌词虽然朴实，道理却很深刻：太阳下山明早依旧爬上来/花儿谢了明天还是一样的开/我的青春一去无影踪/我的青春小鸟一去不回来。

我们现在最大的资本是什么？对，就是年轻，就是还有青春这个赌注。我们现在还输得起，但是青春是那么短暂，稍纵即逝，让你一回首，就只能感叹：“人生百年，若白驹过隙。”奥斯特洛夫斯基在《钢铁是怎样炼成的》这部名著中有这么一段话："生活赋予我们一种巨大的和无限高贵的礼品，这就是青春：充满着力量，充满着期待、志愿，充满着求知和斗争的志向，充满着希望和信心的青春。"每个人都要珍惜青春，因为，青春逝去就不再回来了，等到你后悔的时候，已经无法挽回了。

或许正是因为青春短暂，所以显得格外美好。我们也更加明白青春的珍贵，然后懂得去珍惜。正如北宋文学家欧阳修所说："羡子年少正得路，有如扶桑初日升。"

学会欣赏自己

美好与自信，都源于对人生的欣赏。现代社会的快节奏，却让我们有意无意地忽略对人生过程的细细品位。通往阿尔卑斯山的道路旁有一块路碑，上面写着：慢慢走，欣赏啊。就是这简单的 6 个字，感动了无数过往游客。我们的人生又何尝不是一座阿尔卑斯山呢？要想过上高品质的生活，就需要放慢脚步，学会欣赏，才能不会错过风景。

欣赏人生，首先得学会欣赏自己。如果一个人对自己都不欣赏，连自己都看不起，那怎么能自信、自尊、自强、自爱呢？能欣赏自己，就会少一些抱怨，多几分洒脱，在豁达的心态中坦然走自己的路；会欣赏自己，就能扬起追求的风帆，驾驭希望之舟驶向理想的彼岸。欣赏自己，是人生智慧的一部分，是一种理智和超脱。

当然，欣赏自己，并不是看自己是一朵鲜花，看别人是枯萎的草，也不是自命不凡，孤芳自赏，更不是固步自封，刚愎自用。欣赏自己，贵在自省，贵在自知、自明。欣赏自己，坚定自信，尽力走自己的路，人生就无怨无悔。

学会欣赏，是人生的一种享受。学会欣赏自己，就可以欣赏到自信的魅力。

美丽诚可贵，健康价更高

女性 25 岁以后，身体机能开始出现下滑，很多以前不曾遇到的问题，比如面部黄褐斑、白带异常、月经不调、乳房肿块、子宫肌瘤等问题相继出现。这些都是由于体内孕激素和雌激素的水平不够均衡造成的，也就是人们常说的内分泌失调。而内分泌失调必须在正规医院专科医师的指导下，根据每个人的具体情况，采取不同的治疗措施予以调整、纠正，而不是单靠保健品、化妆品、上美容院就可以解决的。

也就是说，女人的美丽在很大程度上是由机体的健康状况决定的。如果机体内分泌失调，表现的外在形式就是皮肤萎黄、皱纹增多、情绪低落，那么即使用再多再高档的化妆品，也只能遮盖一时，而不能从根本上解决问题。

健康专家提醒广大女性朋友：每年花几百元钱做的妇科检查对自己的健康大有裨益。它可以帮助我们及早发现一些妇科疾病，尽早采取对症治疗措施，防范更大的疾病，为自己和家人的幸福提供保障。如果出现白带异常、外阴瘙痒、月经失调、乳房肿块等不适时，一定要马上到正规医院找专科医师进行诊查。

每年一次妇科体检——学做一个聪明的女人。

每个女性从开始有性生活起，每年至少应做一次全面的妇科检查。时间安排在月经结束后 3 ~ 10 天内，因为此时女人的身体最放松，也更容易配合医生的检查。

1. 体检前，将想要咨询医生以及医生可能询问的情况做个记录，包括最近 3 个月的月经经过、经期出现的问题、性生活中的问题、历次妊娠的经过等等。

2. 体检时，有妇科病史的要携带过去的病历。

3. 坦诚与医生交流。如果对曾多次流产等隐秘难以说出口，不妨采取代朋友询问的方式。切忌隐瞒，因为很有可能你已是一个准病人。一个聪明的病人应该懂得如何配合医生的询问，如果因为腼腆而影响自身健康便是无知了。

4. 体检时应尽量放松，配合医生检查。对医生而言，身体任何部位都只不过是人体构造的一部分，医生所要做的就是检查这一部分是否有疾病存在。如果女性在检查时过于紧张，有可能会影响检查的效果。

你的心态价值连城

英国文豪莎士比亚有一次不无感慨地在剧作中写下这样的台词："脆弱，你的名字叫女人。"脆弱，柔顺，服从……这些词也许是上天附在女人身上的标签。好像一个女人如果稍微强调一下自我就大逆不道，破了做女人的规矩。也许正是因为这个原因，即使是女人越来越健康，越来越美丽的当下，如果问一问她们是否关注过自己的情绪和心态，得到的答案往往是"NO"。女人们往往认为心理出点问题待上一会儿就自己好了，没什么大不了的。这样想就大错特错了。对女人来说，心态和身材、脸蛋一样重要，有时候，甚至重要过二者。人们说，面容是心灵的窗户，如果你有一个年轻的心态，那么你的脸也会笑靥如花。如果对自己的心态缺乏关注，那么照照镜子，你一定会看到一个愁眉苦脸又不讨人喜欢的"黄脸婆"哦。心年轻面容才能年轻。看看下面这些心态不好的后果，你就知道你的心态多么价值连城了！

生气时，血液会大量涌向头部，因此血液中的氧气会减少，毒素会增多。而毒素会刺激毛囊，引起毛囊周围程度不等的炎症，从而出现色斑问题。而且，如果经常生气，就算用药物治疗色斑也会收效甚微。爱生气的女人爱长斑，这句话是真的哦。

不良情绪和不好的心态会引起交感神经兴奋，并直接作用于心脏和血管上，使胃肠中的血流量减少，蠕动减慢，食欲变差，严重时还会引起胃溃疡。心情不好，胃口就不好，胃口不好，身体怎么能好呢？身体不好，去哪里找年轻啊？

动气伤肝，这句话应该很多人都听过吧。生气时，人体会分泌一种物质，使血糖升高，脂肪酸分解加强，血液和肝细胞内的毒素也相应增加。肝一出问题，会带动很多器官一起跟你"造反"，那时候再控制情绪，调整心态，恐怕已经来不及了。

一定要记住，在这个世界上，没有比你的心态更值钱的东西了。

要有一颗自信心，信心是一道最亮丽的风景线。这个世界五彩缤纷，多姿多彩，如果缺乏自信，老是跟着潮流跑，你会发现永远都慢人家一拍。要知道你在看人家的同时，人家也在看你。充分发挥自己的智慧，听从内心的召唤，沿着既定的目标一直往前走，你会发现，你正在成为众人关注的焦点，灿烂夺目，光彩照人。所以，走自己的路，让别人说去吧！

要有一颗进取心，进取让你不仅充实而且优雅。没有人会对一个花瓶保持永恒的兴趣，除非里面总是装满不同的鲜花。少看一些肥皂剧，了解基本剧情足够聊天就 ok 了，没必要将青春耗费在千篇一律的情感戏中不可自拔。没事逛逛书店，充充电，甚至报个培训班，并且不时给自己的学习和工作定个目标。腹有诗书气自华，优雅的气质和不凡的谈吐会让你变得更加美丽。

要有一颗平常心，坦然面对失败和挫折。进取并不意味着不允许失败，不允许自己比别人差。谋事在人，成事在天。很多事情在开始之前上天就已经安排好了结局，再多的努力也不过是徒劳。与其在悲伤中挣扎，还不如坦然接受。比如，帅哥，有之，幸也；无之，安也，一切任其自然吧。珍惜眼前人，珍惜现有缘，幸福就在手中。一味好高骛远，只会落入心比天高、命比纸薄的悲惨结局中。

“爱”与“吃”一样，7 成饱足矣

有专家说过：过度的关心等于伤害。对爱情而言，更为严重。过度的热情会加速死亡。爱一个人，你应该真心，应该投入，但是必须有所保留。这个保留不是自私，而是为了保护自己。豪猪长得不好看，但是它们带给我们的启示却很有意义：适度的距离就是安全，充分的空间就是生命。因此，爱情也和吃饭一样，7 成饱足矣，否则就不是胃受不了的问题，而是心脏承受不了了。

要给对方空间。爱情并非生活的全部，对你如此，对他而言就更不用说了。男儿志在四方，他的生命中装下的不可能都是爱情，更不可能全部是你，除非他是一个毫无作为的男人，如果真是这样，恐怕你也不喜欢，盼望早日散了算了。要鼓励和支持他将生命的重心放在事业上，将精力和汗水放在自我价值的实现上。

不要强求对方为自己改变。很多姐妹们最容易犯的错误就是满怀激情地想将对方改造成自己理想中的如意郎君。这其实是一项不可能完成的工程，除非他自己愿意改变，否则将自己的意愿强加给对方只会导致双方的不愉快。要么就接受和容忍他的缺点，要么就干脆分手。因为爱情的真谛就是宽容，再通俗点说，就是妥协。

别因“性”而失去更多

MM们的青葱岁月最好不要轻易去采摘伊甸园中的“禁果”，虽然现在性观念在一步步地开化，但是，请记住：女孩和男孩的生理特征是不一样的，过早过多的性生活非常不利于女孩。一个很简单的道理，性生活之后，男孩不会有什么后遗症，而女孩有可能早孕。经常堕胎对女性娇弱的身体是致命的摧残，女孩会落下种种病根，如果因此而丧失了生育能力的话，更是得不偿失。

说得直白一点，浪漫年华的女孩有的正在学校学习，有的可能刚刚参加工作，不论哪种情况，均应把主要精力用在学习上。如果这时去疯狂恋爱，疯狂做爱，一味去追求性刺激，必然会影响学习，使事业一事无成。青春期有性生活，还可能影响婚后正常的性生活。少男少女婚前性行为往往是在男方压抑不住性冲动和女方处在害羞、紧张、恐惧的状态下进行的，彼此都有一定的非法感，加上双方都缺乏性卫生常识，这样的性生活很难谈得上什么性生活和谐，也极容易造成女方阴道损伤和泌尿系统感染等，给女方身体带来损害。而初交的不和谐，往往会给以后的性生活带来障碍，引起女方在相当长的时间里甚至一辈子对性生活充满厌恶感，影响婚后正常的性生活。倘若性生活造成怀孕，这更会使双方陷入窘迫中，特别是女方将要承担更多的不幸。她们首先感到自己做了不体面、见不得人的事，为了避免被周围的人或同学、同事发现，精神上势必承受相当大的负担。同时，为了人工流产暗中服药自行坠胎，或者偷偷摸摸进行人工流产，弄不好会造成感染，损害身体健康，可能会造成子宫内膜炎、急性输卵管炎、盆腔炎等一系列的妇科病。

奉劝MM们，一定要自尊自爱，珍惜自己的青春年华，你的另一半如果真正爱你的话，是会爱惜你的身体，会站在你的立场为你着想的。

Part 8
在吃的世界中，懒和馋可以是美德

在懒女孩的妈妈们眼中，“馋”与“懒”是永不分家的。懒女孩通常也是绝好的美食家，隔三差五犒赏自己一顿美食当然是天经地义的事。好吃，又不能“垃圾”；营养，又不能乏味；如果是 DIY，做起来还需要简便易行。懒女孩的胃口可实在是够刁的！不过，在这里总会有一份食单适合你。

懒女孩的营养早餐

“洗脸、穿衣、化妆都是必须的，可时间那么紧张，眼瞅着上班时间就快到了，算来算去只好 Pass 掉早餐啦，反正挺几个小时就可以吃中餐，还可以节食减肥又省钱，简直是一箭多雕啊！”常听到很多 MM 这样说，可不吃早餐真像她们所想的那样好么？

英国《美容》杂志引用波兰美容专家的研究发现称，不吃早餐和吸烟、酗酒、通宵赌博等恶习一样，也会严重影响女性的美貌。这可不是空穴来风。首先，和她们“不吃早餐为减肥”的初衷相反，她们的午餐往往会过量，因而更可能导致发胖！其次，由于整个上午胃中没有食物中和胃酸，胃黏膜便会遭到负面刺激，长此以往有可能引起胃炎和胃溃疡，加上中午的过量进食还会人为地加重肠胃等消化器官的负担并引起程度不等的消化不良，而且贫血、营养不良症等本可能乘虚而入。这不仅严重损害健康，还容易使女性的肤色呈难看的灰白或蜡黄。再者，不吃早餐还可能加速衰老。由于整个上午腹中空空，人体只能动用体内贮存的糖元和蛋白质，久而久之就会导致皮肤干燥、起皱、起斑等，迅速显出老相。这些后果太可怕了，不吃早餐的 MM 们得三思哦！下面为各类 OL 都提供了专属的早餐配方。

忙碌型 OL：我没有专门的早餐时间。

最佳早餐：三明治＋果汁＋水果＋果仁。

越来越多的人选择在上班路上随便吃点东西当早餐，条件许可的话他们也会将早餐带到公司，在办公桌前匆忙解决。虽然这样不够健康，但是比起什么都不吃来说还是要好多了。

如果你实在没时间在家吃早餐，建议你带上 1 瓶果汁、1 个苹果、1 把果仁和 1 个三明治。这些食物便于携带，而且能为你提供足够的营养。早餐吃一些水果是有很多好处的，它可以提供丰富的维生素和矿物元素。还要注意三明治不能加蛋黄酱，以免在早上摄入过多的热量。

贪睡型 OL：我很容易疲劳犯困。

最佳早餐：水果＋酸奶。

用水果做早餐这可是贪睡型 OL 的最佳选择，如果再来杯果汁，即便是睡眼惺忪的你也能立刻精神焕发。水果早餐不仅节省时间，对皮肤也有许多好处。香蕉是早餐的理想选择，它比其他的水果更能充饥。不过水果中的果糖含量很高，而且也无法支持到中午你就会饿，所以你还应该再来点别的，比如低脂酸奶、南瓜、芝麻什么的，有了这些，你就可以获得充足的维生素、纤维素、脂肪酸等营养成分了。

减肥型 OL：我可不想再被零食诱惑。

最佳早餐：水果 + 牛奶 + 麦片粥。

很多人觉得各种口味的粥是很棒的早餐，不过，这些粥可能含有太多的糖或者盐，如果要吃粥的话应该选麦片粥，因为肠胃消化全麦食品的速度会比较慢，这使人有饱胀感，也就能有效控制食欲了。但千万不要给你的全麦面包抹上黄油，那样的话你摄入的热量就大大超标了。

如果喜欢以粥作为早餐，自制的水果牛奶麦片粥将是不错的选择，但务必注意盐和糖的量不要太多。

TIPS：自己动手做水果牛奶麦片粥。

原料：2 汤匙燕麦，1 汤匙燕麦麸，50 毫升牛奶，75 克低脂活性酸奶，1 汤匙蜂蜜，1 汤匙柠檬汁，1 只切碎的苹果，2 汤匙打碎的坚果和碎果仁，150 克草莓。

做法：将燕麦和燕麦麸泡在牛奶中 20 分钟以上，最好头天晚上就泡着，隔夜也没有关系。然后将酸奶、蜂蜜和柠檬汁搅拌均匀，加入新鲜的碎苹果和果仁，把鲜艳的草莓放在最上面，一看就会让人胃口大开！

周末“大餐”型 OL：我喜欢在周末吃得隆重一些。

最佳选择：烤火腿 + 蘑菇 + 番茄 + 绿叶蔬菜。

火腿煎蛋通常被认为其胆固醇和饱和脂肪含量过高，其实如果用不同的做法就可以让它变得更健康。记得下次在做火腿的时候要烤而不是用油煎，而且要少放肉，尽量用瘦肉，多放些蔬菜。烤火腿、蘑菇、番茄、绿叶蔬菜加在一起就是一顿丰盛而又健康的早餐了。如果你喜欢在周末花时间制作精美的早餐来改善生活的话，那么这种早餐将是不错的选择。你还可以同时喝点果汁，帮助身体更好地吸收铁质。

如何，这几个早餐配方还比较省心省事吧？既然挤出时间来吃早餐了，何不吃得健康，吃出美丽呢？以内养外绝对是上上之选。下面是几款美容养颜的早餐食谱，拿笔圈记一下吧。

1. 片杏仁薄饼

主料：1 杯面粉、3/4 杯麦片、1/2 茶匙杏仁碎、1/2 杯杏仁条。

配料：3 茶匙糖、1 茶匙发酵粉、1/2 茶匙盐、1 杯牛奶、5 茶匙食用油、2 个鸡蛋。

制法：

（1）将面粉、麦片、糖、发酵粉和盐在一个大碗里和匀。

（2）在另一个碗里搅拌牛奶、3 茶匙食用油、鸡蛋和杏仁碎。

（3）然后倒入第一个大碗里，搅拌、和匀。

（4）在平底锅中倒一些食用油，以中火加热。

（5）将 1/4 杯面糊摊开成饼状，待边缘成金黄色时，将饼翻转一次。

提示：如有需要可在全部做好后再加适量食用油，能使薄饼更松脆。

2. 桑椹三明治

材料：无味或咸味切片面包若干、桑椹罐头 1 瓶。

制法：

（1）将桑椹罐头打开，舀出 3 –4 粒桑椹粒放在面包上。

（2）再舀几勺桑椹汁，均匀地浇在面包片上，将面包片对折即可。

功效：不仅养胃，还具有明目、清肝及健脑的作用。

3. 草莓杏仁奶昔

主料：2 杯牛奶或豆奶、12 ~16 个草莓（300 克）、4 茶匙杏仁块。

配料：2 根香蕉（250 克）、2 ~3 茶匙蜂蜜、1/2 茶匙杏仁萃取液。

制法：

（1）将牛奶、草莓、香蕉、蜂蜜、杏仁块和杏仁萃取液放入搅拌器中搅拌，直至呈液态状。

（2）倒入长玻璃杯中，最后用草莓和杏仁块装饰。

4. 杏仁西柚

主料：2 ~4 茶匙杏仁条或杏仁片。

配料：2 个西柚。

制法：

（1）将水果切成小块，做成水果沙拉。

（2）在上边撒上些杏仁粒或杏仁块。

提示：食用之前再将水果切成小块，这样才利于维生素的保存。

原来营养早餐并非像想象中那么难嘛，大家早上手脚只要麻利点，就能既享受美味早餐，又能享受健康美丽，这才是真正的一箭多雕！

最适合爱美馋嘴懒 MM 的工作便当

现在生活质量虽说是提高了，但工作餐却还是一如既往的难吃。对上班的 MM 们来说，便当不应该只具备吃饱。更应当注重美味可口的功能，下面就来介绍几款色香味俱全，操作又十分简单的工作便当，最适合爱美馋嘴的懒 MM。

周一便当：米饭 + 糖醋带鱼 + 西兰花蟹肉棒 + 西瓜。

糖醋带鱼

主料：带鱼 200 克。

辅料：鸡蛋一只、葱、姜、蒜、淀粉、醋、糖、生抽、八角、料酒、盐、色拉油各少许。

1. 将带鱼去头、尾、鳍，并清洗干净，切成合适大小的块，用盐和料酒腌 20 分钟；鸡蛋入碗加干淀粉调成蛋糊；葱、姜、蒜切好备用。

2. 将切好的带鱼逐块放蛋糊里上浆。

3. 锅入油下带鱼炸，至两面金黄时捞出控油。

4. 另起锅放入少许油，放八角、蒜、葱、姜爆香，烹料酒、糖、醋，生抽及适量清水煮开。

5. 将炸好的带鱼放入锅中，焖至汤汁见少时，大火收汁，拣出八角等调料，出锅装盘。

西兰花蟹肉棒

主料：西兰花 150 克、蟹肉棒 100 克。

辅料：盐、蚝油、葱、姜、蒜、色拉油适量。

1. 将西兰花切成小块入清水漂洗干净，入沸水焯；葱、姜、蒜切末备用；蟹肉棒切小段。

2. 锅入油 7 成热，爆香葱、姜、蒜，同时下西兰花和蟹肉棒翻炒，入少许盐和蚝油调味即可。

周二便当：米饭＋虾仁腰果＋蒜香荷兰豆＋芒果。

虾仁腰果

主料：虾150克、腰果50克、豌豆10克。

辅料：葱、姜、蒜、色拉油、料酒、盐、糖、醋、淀粉各少许。

1. 虾去头、皮，并把虾线剔除，清洗干净；豌豆入沸水汆8成熟；腰果入油炒至金黄，酥脆盛出备用。

2. 葱、姜、蒜切末；整理好的虾加淀粉、盐、料酒码10分钟。

3. 锅入油，爆香葱、姜、蒜，加虾仁翻炒。

4. 而后依次加腰果、豌豆，再加盐、糖、醋调味，最后水淀粉勾芡。

蒜香荷兰豆

主料：荷兰豆100克。

辅料：大蒜、蚝油、色拉油适量、盐（可有可无）、干红椒一个。

1. 将荷兰豆摘去蒂及筋，用清水漂洗干净，并入沸水快速汆一下。

2. 将蒜切末，红椒斜切成圈。

3. 锅入油爆香蒜末和红椒，入荷兰豆和蚝油，迅速翻炒两下即可出锅。

周三便当：米饭＋栗子鸡块＋银芽海带丝＋草莓。

栗子鸡块

主料：鸡半只、栗子100克。

辅料：葱1根、姜2片、料酒1汤匙、糖1汤匙、色拉油、生粉、酱油、水淀粉各适量。

1. 将鸡剖净沥干水后斩成小块备用。

2. 将板栗剥去外壳，放在热水中泡10分钟去涩衣，加水煮至软。

3. 烧热锅，下油，烧至七成熟时，将鸡块过一下油，鸡皮呈金黄色时捞起，倒去余油。

4. 另起油锅爆葱、姜，然后把栗子、鸡块倒入锅中，加入酒、酱油、盐、糖和适量的汤（清水也可），盖上锅盖用大火煮滚后，用小火焖酥。

5. 将焖酥的鸡块、栗子改用大火略煮，汁浓后加生粉水勾芡，在锅内翻炒片刻即可。

银芽海带丝

主料：绿豆芽 150 克、发海带丝 150 克、火腿 50 克。

辅料：葱、盐、料酒、姜、色拉油各适量。

1. 将绿豆芽掐去两头取中段，放入清水中浸泡；海带丝切成段，用清水漂净，葱切成段。

2. 炒锅内入油烧热后，炝姜丝，放入海带炒 1 分钟，再投入沥净水的绿豆芽，放入盐煸炒，至绿豆芽断生，放入火腿、醋，即可起锅装盘。

周四便当：紫米饭＋杭椒牛里脊＋珍珠南瓜＋香蕉。

杭椒牛里脊

主料：牛里脊 200 克、杭椒 50 克。

辅料：大蒜、葱、姜、色拉油、料酒、淀粉、盐、糖、胡椒粉各适量。

1. 将牛肉切粗丝，加蚝油、少许酱油、淀粉码味 20 分钟；杭椒切圈，葱、姜切丝备用。

2. 起油锅 5 成热，将码好的牛肉丝过油盛出备用。

3. 另起油锅爆葱、姜丝，依次加滑炒过的牛肉、杭椒和少许蚝油，翻炒几下即可。

珍珠南瓜

主料：老南瓜 200 克、鹌鹑蛋 6 只。

辅料：青、红椒各一只、姜、色拉油、盐、水淀粉、味精适量。

1. 将南瓜去皮切块；鹌鹑蛋煮熟去壳；青、红椒、姜切片。

2. 锅入油 5 成热下姜片，倒入南瓜加盐和少量清水稍煮。

3. 最后放入鹌鹑蛋、椒片翻炒勾芡即可。

周五便当：红薯米饭＋鸡蛋腊肠＋虾皮西芹＋橙子。

鸡蛋腊肠

主料：柴鸡蛋 3 只、腊肠 50 克、花生米 20 克。

辅料：香葱、盐、色拉油适量。

1. 将腊肠蒸熟放凉，花生仁去皮炒香，切碎备用。

2. 将鸡蛋打散，放适量的盐搅拌均匀。

3. 烧热锅放油，倒入鸡蛋液，翻炒至半凝固。

4. 加入腊肠粒、花生粒和葱花，快速翻炒几下即可出锅。

虾皮西芹

主料：西芹200克、虾皮10克。

辅料：干红椒1个 、葱、姜、色拉油、盐适量、香油少许。

1. 将西芹切寸段条状，放入沸水中氽烫。

2. 锅入油爆香葱、姜末，加虾皮和红辣椒，将西芹入锅淋香油拌匀即可。

诱惑零食爱你不容易

想保持姣好的身材，又无法抗拒零食的诱惑，过了嘴瘾又担心零食会影响营养的吸收，于是吃零食成了严重的心理负担，该怎么办呢？基本上没有哪个女孩不爱吃零食，只是吃得多少的问题。如果将零食全部戒掉的话，生活的乐趣似乎也失去了一大半。可是报纸上和长辈都说零食吃多了不好。不错，零食吃多了、吃杂了是不好，但如果你掌握好量和种类，挑选那些能让你的嘴忙碌而又不会增加体重的食品，并学会合理吃零食，这样，甚至能够补充正餐营养的不足，小馋猫也就不需要左右为难了！

以下是专家建议的15种健康零食。

1. 葵花子养颜。

葵花子含有蛋白质、脂肪、多种维生素和矿物质，其中亚油酸的含量尤为丰富。亚油酸有助于保持皮肤细嫩，防止皮肤干燥和生成色斑。

2. 花生能防皮肤病。

花生中富含的维生素B2正是我国居民平日膳食中较为缺乏的维生素之一。因此多吃些花生不仅能补充日常膳食中维生素B2的不足，而且有助于防治唇裂、眼睛发红发痒、脂溢性皮炎等多种疾病。

3. 核桃可秀甲，当然还可以健脑。

核桃中含有丰富的生长素，能使指甲坚固不易开裂，同时核桃中富含植物蛋白，能促进指甲的生长。常吃核桃，有助于指甲的秀韧。

4. 大枣活血预防坏血病。

枣中维生素C含量十分丰富，被营养学家称作“活维生素C丸”。膳食中若缺乏维生素C，人就会感到疲劳倦息，甚至产生坏血病。

5. 奶酪固齿。

奶酪是钙的“富矿”，可使牙齿坚固。营养学家通过研究表明，一个成年人每天吃150克奶酪，有助于达到人老牙不老的目标。

6. 无花果促进血液循环。

无花果中含有一种类似阿司匹林的化学物质，可稀释血液，增加血液的流动，从而使大脑供血量充分。

7. 南瓜子和开心果健脑。

南瓜子和开心果富含不饱和脂肪酸、胡萝卜素、过氧化物以及酶等物质，适当食用能保证大脑血流量，令人精神抖擞、容光焕发。

8. 奶糖润肤。

奶糖含糖、钙，适当进食能补充大脑能量，令人神爽，皮肤润泽。

9. 巧克力怡情。

巧克力有使人心情愉悦及美容的作用，能产生如谈情说爱时一样的体内反应物质。还有一个偏方，就是MM们来例假的时候可以多吃巧克力，不仅可以补铁补血，还可以为你增加快乐因子。

10. 芝麻糊乌发。

芝麻糊有乌发、润发、养血之功，对症吃可防治白发、脱发，令头发乌亮秀美。

11. 葡萄干补血。

葡萄干有益气、补血、悦颜之益，但要注意卫生。

12. 薄荷糖润喉。

薄荷糖能润喉咙、除口臭、散火气，令人神清喉爽。

13. 柑橘富含维生素C。

柑橘、橙子、苹果等水果富含维生素C，能减慢或阻断黑色素的合成，增白皮肤，属碱性食品，能使血液保持中性或弱碱性，从而有健身、美容作用。

14. 牛肉干富含蛋白质。

牛肉干、烤鱼片富含蛋白质、铁、锌等，适当食用令人肌肤红润。

15. 乳饮料有营养。

乳饮料含有三分之一的牛奶，还有维生素和微量元素，是富有营养的饮料之一。

另外，水果是最好的零食。许多水果有益于美容护肤，如柑橘、橙子、柠檬、西红柿等，含维生素很丰富，能够增加身体对细菌的反抗能力，减慢或阻止黑色素的合成，增白皮肤。

总之，适量地吃些健康的零食不但不会使你身材臃肿，还能让你漂漂亮亮，从此不再纠结到底戒不戒零食。

垃圾食品怎样吃

给垃圾食品硬要下个定义的话，那就是指仅仅提供一些热量，别无其他营养素的食物，或是提供超过人体需要变成多余成分的食品。2005 年，世界卫生组织公布了十大垃圾食品，分别为油炸食品、腌制食品、加工肉食品（肉干、肉松、香肠等）、饼干类食品、汽水可乐类饮料、方便食品（主要指方便面和膨化食品）、罐头类食品（包括鱼肉类和水果类）、话梅蜜饯类食品（果脯）、冷冻甜品（冰淇淋、冰棒和各种雪糕）以及烧烤食品，并且列举出以上食品对健康的种种危害。结果一宣布，引起了轩然大波。因其在指导了健康饮食的同时也给老百姓带来一些不小的烦恼。对照一下我们每天吃的食物，有多少不属于垃圾食品呢?

上述食品不少都深受我们的喜爱，甚至在一些地区已经成为饮食风俗。少了这些食品，还真是有点“乏味”了。垃圾食品真的一点都不能吃吗?

某高校专家提出，没有垃圾食品，只有垃圾吃法。胡小松教授认为垃圾吃法就是你盯住一个，一天到晚地猛吃。他举了一个例子。在北京大学儿童研究所曾经有一个极端案例，某地 8 岁的小男孩性竟然完全成熟了。调查他食谱的时候，发现他中午一定要有一个大鸡腿，晚上还要这么一个大鸡腿。就这么天天吃，这就叫垃圾吃法。还是那句话，任何事物都不是绝对的，垃圾食品只要吃法得当，也可以吃出健康来。

“垃圾食品”的健康吃法

1．土豆

垃圾标签：在 20 世纪 70 年代，诸如土豆这样的高淀粉碳水化合物被认为是“肥胖杀手”，到今天，这种观念也没有改变。

可用之处：土豆的脂肪含量非常低，能提供充足的卡路里，糖分的释放也非常缓慢，非常适合想苗条的人食用。

健康吃法：早餐只需几片油炸土豆片就能给你提供一上午所需的充足热量。

2．糖果

垃圾标签：糖果成份单一，只有热量，所以，从缺乏维生素到糖尿病，人们都认为它难辞其咎。

可用之处：最新研究表明，在食谱里加入少许糖果，能给你提供适当的热量，而软糖、水果糖等糖果还完全不含脂肪。

健康吃法：在饭后稍吃一点糖果是合理的饮食安排，不过记住要刷牙。

3．红肉

垃圾标签：如果你想要减肥或降低胆固醇水平，毫无疑问肉类绝对是在被禁止之列，因为它含有大量的饱和脂肪。

可用之处：瘦肉的脂肪含量比奶酪低，而且，瘦肉也是维生素 B、铁、锌的重要来源。

健康吃法：每天把摄入肉类的总量控制在 90 克就可以放心享用。

4．白面包

垃圾标签：白面包是加工过于精细的食品，不利于健康。

可用之处：大部分的面包脂肪含量都很低，而其所含的淀粉碳水化合物是能量的主要来源。白面包的钙质含量是全麦面包的两倍，四片白面包就可以供应一天所需钙的五分之一。

健康吃法：理想的做法是，全麦面包与白面包搭配食用，因为白面包的纤维、维生素 B 和铁的含量不如全麦面包。

5．巧克力

垃圾标签：巧克力的脂肪和糖份含量都极高。

可用之处：巧克力的好处远远超过其坏处。可可豆含有超过 600 种植物化学物质，能帮助抵抗心脏病和癌症，黑巧克力含有铜、铁（它们合成红血球），以及能帮助缓解月经前不快症状的镁，牛奶巧克力能提供钙质。

健康吃法：一周吃一小块就足够了。

6．酒

垃圾标签：“小心酒精”，几乎所有的人、所有的媒介都告诉你这样一个信息。酒一直都被认为是健康的当仁不让的杀手。

可用之处：常识并非永远正确，人们关于酒的概念就是如此。统计表明，有“小酌一口”（每天一杯到两杯）习惯的人更加长寿。因为酒精能减轻压力，而压力是致病因素之一。红酒还含有黄酮醇，能帮助预防心脏疾病。

健康吃法：适可而止是健康饮酒的不二法则。

7. 干果

垃圾标签：干果的脂肪和卡路里含量非常高。

可用之处：干果含有非饱和脂肪和维生素 E，这对心脏健康很有效，还有一些干果，例如杏仁，含有一些人体必要的微量元素，如钙、锌、镁等。

健康吃法：尽量不要吃油炸的干果，另外，每次只吃一小把干果（大约 150 卡热量）。

8. 咖啡

垃圾标签：咖啡会导致抑郁、烦躁、头痛等症状。

可用之处：有研究表明，经常喝咖啡的人与喝茶的人相比，更不易患心脏病。

健康吃法：为了避免咖啡的不良影响，每天喝咖啡的量不要超过三杯，而且，当人处于压力过大的情况下应该避免喝咖啡，因为此时，咖啡因会促使血压上升到有害健康的程度。

9. 罐装食品

垃圾标签：在加工过程中，食品的营养成份流失了，而且罐装食品是不新鲜的。

可用之处：随着加工工业的发展，更多维生素被保存了下来。

健康吃法：桃子、梨、豌豆在加工过程中会失去大部分的营养成分，尤其是维生素 C，因此不宜吃罐装的，但柑桔罐头仍能保留住大部分的维生素 C，而甜玉米、西红柿这些食品预防心脏病和癌症和抗氧化剂的功效会因加工而变得更为有效。

吃得多又不胖的绝密法宝

有时觉得上帝真不公平，周围的瘦人在狂扫所有美食之后，身材还是那么曼妙多姿，而自己喝点水都感觉肉像春天的叶子一样噌噌地往外冒。

难不成她们或是自己基因突变了？其实，用心的MM会发现，那些吃得多又不胖的人有绝密法宝的哦！

秘密武器一：瘦人喜欢吃体积大密度小的食物。

宾夕法尼亚州立大学的营养学教授芭芭拉路斯做了关于食物“卡路里密度”，即食物所含卡路里与重量的比值的专门研究，结果表明，高水分含量的食物——水果、蔬菜、汤、炖品以及煮熟的粗粮——所含热量低并且使人吃得满足。这些食物大多富含纤维素（一只苹果含3克纤维素，一杯熟大麦含6克纤维素），使你吃得饱。不知是否是有意识地，瘦人常实现这样的战略：一开始就吃大份的汤或者沙拉，这样接下来的正餐就会吃得更少。路斯的研究发现，吃正餐时从低卡沙拉（3杯才100卡路里）吃起的人很可能总体上摄入的热量更少。这种吃法能减少12%的卡路里摄入量。因为含大量水分的食物会让你觉得你已经吃了很多了。同时她还发现，在吃饭时喝水是没有这个功效的。

秘密武器二：瘦人留心食物的份量。

瘦人们总是留心她们要吃什么以防变胖，大多数时候她们只往自己的盘子里放水果、蔬菜或者瘦肉。她们同样有一些秘决，例如只点一样招牌菜，吃有份量控制的冰冻食品，不去家庭式大份量的餐厅，以及使用比普通尺寸小的盘子等。国际体重控制登记（NWCR）是一项对5000多人进行的研究，为了研究她们长期减肥后如何保持她们的体重。研究发现，成功的体重保持者倾向于每天吃5小餐而不是3大餐，这样比较容易控制份量。

秘密武器三：瘦人把自己放在第一位。

注册营养师安妮，即《享“瘦”一生》的作者，在肥胖诊所里工作了5年。“我经常见到那些不肯把自己放在第一位的女性，”她说，“她们生活的全部就是给予，给予，再给予——尽管这并不是一个错误，但是有时候你需要把自己放在第一位。”直白地说，就是要照顾好自己的。瘦的女性的生活优先次序是，吃得恰当，经常运动，以及减压。这些都是保持苗条的妙方。当人们燃起生活激情的时候，她们就会发现控制体重的秘密已经在她们心中，而不是一些流行的神奇减肥食谱。

秘密武器四：瘦人的父母也很瘦。

“肥胖一方面是基因作用，剩下的都是环境作用。”科罗拉多大学健康科学中心负责人，NWCR 的创办人詹姆斯 O. 希尔博士说。如果你坚持运动，健康饮食，多吃未加工的食物，你保持苗条身段的机会就大大增加了。霍莉约翰逊今年45 岁，是一个8 岁小孩的妈妈。她形容她爸爸像“一支竹竿”，她妈妈的体重“和她跟爸爸结婚的时候相差不过3 磅”。很显然她的基因对她控制体重很有帮助。

秘密武器五：瘦人不会不吃饭。

苗条的人不会当他们的肚子开始叫时就放下手头上所有的事情去吃东西，但他们也不会让自己饿得太久。“我接触过 15 000 个病人，不吃东西最容易导致人失去对自己的控制。”心理学家史蒂芬说。因为过度饥饿会导致过度贪吃，使你失去对暴饮暴食的控制力。40 岁的剧作家艾利斯奥尼尔对此深有同感。“不吃饭对我来说很致命，因为我变得非常饿，而我再也无法忍受。”她说，“然后我会开始吃东西，而且是暴食，有时候我还把饥饿当成允许自己吃一些不健康食物的借口，比如比萨或者炸薯条。”

【懒美丽贴士】

法国女人的“吃秘诀”

法国女人大多身材性感苗条，让各国姑娘们羡慕不已。法国姑娘能保持苗条身段儿的“秘诀”就是“吃得平衡”。

法国人平常会吃很多高脂食物。法国的传统早餐是月牙面包等含有大量黄油的食物，饭后甜点的糖分比例也不小。可是，法国人得心血管病的比例却比别的国家低。原因除了他们常喝葡萄酒外，关键就是吃得平衡。比如，月牙面包黄油量大，但每个面包最大也就20 克，一杯咖啡、一杯果汁，外加一个月牙面包，就构成了法国人的营养早餐。

蔬果密码知多少

地球人都知道多吃水果能有消化，多吃水果能养颜美容……多吃水果的好处多得几天几夜都数不完。新鲜的瓜果蔬菜与美容健康的关系不用多说，可是，各位 MM 们对各种瓜果蔬菜具有的特别功效是否了解得很详细呢？先考考各位 MM：你知道哪种水果可以降火？哪种水果可以丰胸？哪种水果可以明目？哪种水果可以防脱发？哪种水果可以用来做面膜吗？……这些你恐怕就不太确定了吧。没关系，蔬果密码可不是达芬奇密码，很容易就解开的。首先让我们看看身体各部位对水果有些什么特定需求。

头发刚做过染发、烫发，那就多吃鳄梨。

几乎每个女孩都有过烫发染发的经历吧？发型是弄出来了，可是头发却变得像秋天的稻草一般枯黄。因为染发烫发会夺走头发的水分和油脂，头发会变得干枯甚至开叉断裂。很心疼么？那就多吃鳄梨吧！成熟的鳄梨中含有30%的珍贵植物油脂——油酸，对干枯的头发有特殊功效。

过度用脑，赶紧买香蕉。

MM们除了要将自己收拾得漂漂亮亮，还要努力工作，可谓巾帼不让须眉。为了证明不比男同事差，很多MM经常加班。殊不知过度用脑会导致人体内维生素、矿物质及热量缺乏，除了大脑疲惫，还常常会感到情绪低落。此时一根香蕉可提供MM们所需的营养物质并缓解消极情绪。由于过度用脑消耗了多种维生素，因此建议MM们同时补充善存等多维生素片。

过度用眼，可以考虑番木瓜。

没了电脑和电视机这个世界可怎么转啊？E时代的MM上班离不了电脑，回到家中又离不开电视机。而长时间盯着电脑屏幕或电视屏幕，会导致用眼过度，视网膜感光所需的关键物质维生素A大量消耗，眼睛很容易感到干燥、疼痛、怕光，甚至视力下降。可现在很多MM讨厌戴眼镜，也是，戴眼镜冬天吃火锅都不方便，锅盖一掀开，哗，眼镜上一层白白的雾，等擦干的时候，发现闺密们早已将里面的食物瓜分完毕，真是气人啊。那么要维护视力的话，MM就需要食用可提供大量维生素A的番木瓜了。

牙龈牙龈出血，快找猕猴桃。

早晨正在迷迷糊糊刷牙，一吐泡沫，哇，怎么是红色的？原来牙龈出血了。牙龈健康与维生素C息息相关。缺乏维生素C的MM牙龈会变得脆弱，常常出血、肿胀，甚至引起牙齿松动。猕猴桃的维生素C含量是水果中最丰富的，因此是最有益于牙龈健康的水果。对了，猕猴桃也就是奇异果啦，是一种非常棒的水果哦。

有心脏病史，葡萄柚可以帮你忙。

一般年轻的MM应该不会有此经历吧？不过这个病和家族史有关系。胆固醇过高会严重影响心血管健康，尤其是有心脏病史者，更要注意控制体内的胆固醇指标。葡萄柚是医学界公认的最具食疗功效的水果，其瓣膜所含的天然果胶能降低体内胆固醇，预防多种心血管疾病。

长期吸一手或二手烟，葡萄来保驾。

随着社会文明程度的提高，很多地方已经实施了戒烟令，可吸烟的还是大有人在的，很多MM们或多或少的都吸过二手烟吧？如果碰上一个爱吸烟的领导就更是苦不堪言啦。长期吸烟的人肺部积聚大量毒素，功能受损，而葡萄中所含的有效成分能提高细胞新陈代谢率，帮助肺部细胞排毒。另外，葡萄还具有祛痰作用，并能缓解因吸烟引起的呼吸道发炎、痒痛等不适症状。如果你的爸爸或者男友吸烟的话，给他们多买点葡萄吧！

肌肉拉伤，菠萝、菠萝蜜。

参加运动会为集体争了光，可惜不小心拉伤了肌肉，导致组织发炎、血液循环不畅，受伤部位红肿热痛，这时赶紧多吃点菠萝吧。菠萝所含的菠萝蛋白酶成分具有消炎作用，可促进组织修复，还能加快新陈代谢、改善血液循环、快速消肿，是此时身体最需要的水果。

预防皱纹，芒果来帮忙。

若皮肤胶原蛋白弹性不足就容易出现皱纹。芒果是预防皱纹的最佳水果，因其含有丰富的β—胡萝卜素和独一无二的酶，能激发肌肤细胞活力，促进废弃物排出，有助于保持胶原蛋白弹性，有效延缓皱纹出现。

血液供氧不足，吃樱桃吧。

MM是不是经常感到莫名的疲劳呢？在多数情况下这与血液中铁含量减少，供氧不足及血液循环不畅有关。吃樱桃能补充铁质，其中含量丰富的维生素C还能促进身体吸收铁质，防止铁质流失，并改善血液循环，帮助抵抗疲劳。

有脚气，悄悄吃柳橙。

体内缺乏维生素B1的人容易受到脚气的困扰，这种情况下最适合选择柳橙。它富含维生素B1，有助葡萄糖新陈代谢，能有效预防和治疗脚气病。神不知鬼不觉地就可以祛除令人发囧的脚气，美哉美哉！

【懒美丽贴士】

流传度最广的水果美容偏方

在民间长期的实践积累中，流传下来很多水果美容的小偏方，这些偏方屡试不爽，效果奇佳充分说明了我们的前辈们智慧是无限的。

偏方1：要快速减肥，吃香蕉沾蜂蜜很有效。

香蕉富含膳食纤维，可以刺激肠胃的蠕动，帮助排泄。如果什么都不吃，只吃香蕉沾蜂蜜，热量远比正餐低，自然也就瘦下来了。但是，这样急速地减重，身体往往会因没做好调适而产生不良的反应。若是长期靠香蕉为生，身体会缺乏蛋白质、矿物质等各项营养成份，慢慢地你的身体就会发出危险警报。

偏方2：以葡萄柚代替一天中的某一餐可以帮助减肥。

葡萄柚富含维生素C，糖份也不高，如果以吃一颗葡萄柚来代替一餐，热量当然低，假使其他餐的热量也控制得宜，一段时间后自然会瘦下来。不过如果你的体质较弱，最好先吃几片高纤苏打饼干，防止因空腹可能受不了的酸度引发的肠胃疼痛。

偏方3：市面上有一种柠檬醋可以养颜美容。

柠檬富含维它命，可减少雀斑、黑斑的发生，并有部分美白效果。柠檬与醋同样具有分解脂肪的效果，饭后小喝一杯确实能让自己更美丽窈窕，但柠檬与醋的酸度都很高，空腹喝或喝太多都会伤胃。

偏方4：持续吃“苹果餐”能减肥。

苹果是低卡高营养水果，正因如此，许多人将其做为减肥餐。要知道，苹果和一般餐食比起来，热量低了很多，当然会瘦下来，但长此以往，营养的不均衡会让身体吃不消的，而且一旦停下来，体重也会慢慢地回升。

偏方5：营养师调配的减肥餐中，芭乐和番茄是唯二被列入的水果。

营养师所开列的减肥谱是根据每个人不同的体质和需求设定的，并不是一成不变的，搭配的水果也是因人而异的，所以，绝对不是只有芭乐和番茄才会被列入减肥菜单。

偏方6：菠萝的酵素可以养颜美容，还能帮助消化。

菠萝富含维它命B1，能促进新陈代谢，消除疲劳感，丰富的膳食纤维还能让消化更顺畅。爱吃菠萝的话，可以在饭后吃一些，切勿在胃袋空空的时候食用，否则很容易被酵素伤害。

偏方7：吃酪梨可以达到完美减肥的效果。

酪梨含大量的不饱和脂肪酸，容易让人产生饱足感，短期用来减肥，的确有瘦身的作用，只是之后不能马上恢复正常饮食，否则肠胃会产生不适应的状况。另外，酪梨中含的是植物性脂肪，如果吃得太多，累积的热量也很可观。

偏方8：多吃木瓜可以丰胸。

这个说法没什么依据。除了先天的遗传因素和后天发育的营养，胸部靠吃木瓜来变大是不太可能的事情，倒是木瓜对于产后的妇女的确具有促进乳汁分泌的疗效。

让女人美丽的又一妙招

很多OL一族都宣称自己是素食主义者，或许她们怕增肥，或者她们是动物保护协会的忠实成员，又或许她们家族中有人信奉佛教，也可能她们被什么“禽流感”、“猪流感”折腾怕了，所以干脆宣称自己只吃素，不吃荤。可是，如果是怕发福而拒绝吃肉的话，就有点因噎废食啦！不吃肉类就等于丧失了很多品尝美食的机会，简直太可惜了，最重要是，适当食肉不仅有益女性健康，而且有益娇美容颜。因为肉类能提供女性最需要的铁元素！

中医强调，女性肌肤的健康在很大程度上取决于血气的充足，而血红蛋白是血气充足最要紧的因素。血红蛋白之所以是红色，全在于其中含有一个血红素。血红素中的铁离子承担了为人体细胞供应氧气的重要责任，如果没有足够的铁来制造血红蛋白，处于身体最外端的皮肤就不能得到足够的氧气供应。细胞功能低下，皮肤自然不可能红润动人。贫血的MM的皮肤枯萎而憔悴，弹性变差，暗淡无光，正是这个原因。据有关调查表明，绝大部分的中国女性都存在不同程度上的贫血，贫血就需要补充铁元素。细心的MM会发现很多女性保健品上都赫然写着“补铁”的字样。

大家不要误会，摄取铁元素，不是要你去啃大铁锅哦！我们可以从食物中摄取足够的铁元素。而食物中的铁又可分为两类，一类是肉类中的

“血红素铁”，另一类是植物性食品中的“非血红素铁”。肉类的铁和人体需要的形式完全一致，能很好地被人体吸收利用。素食中的铁则需要还原之后才能吸收，而且很容易受到其他食物的影响，吸收率难以保证。肉类不仅是铁的好来源，还能帮助其他食品中的铁提高吸收率，而每天只要吃少量的肉，就可以保证体内的铁供应。

贫血的MM们不妨根据颜色来选肉类，那些颜色最红的部位正是含铁量最高的部分，例如牛肉、羊肉、鸡颈、肩肉、腿肉、心脏、肝脏等。血脂正常的MM完全可多食用肉类，也可根据体质选择合适的肉类品种，如身体燥热者可以选择猪肉和鸭肉，而身体虚寒者不妨选用羊肉、牛肉和鸡肉，这些meat可是兼有滋补强壮的作用哦。

MM们可能又会疑惑：为什么减肥专家说要少吃肉呢？其实只要搭配得当，减肥和吃肉并不冲突，那么怎样来协调减肥和吃肉呢？窍门在于选择合适的肉类和合理的烹调方式。首先要挑选脂肪含量低的鸡肉（矿物质含量高、脂肪含量低的乌鸡更佳）和牛羊肉，少吃高脂肪的猪肉。其次烹调时要尽量少放油，多用炖、煮、蒸、烤的方式。在吃肉之外，还要同时注意多吃各种新鲜蔬菜，多吃粗粮豆类，才能保证营养平衡，预防吃肉带来的皮肤油腻、纤维不足等问题。实在怕发胖的MM，可以多吃以下几类肉。

1. 兔肉。

兔肉与一般畜肉的成分有所不同。其特点是：含蛋白质较多，每百克兔肉中含蛋白质21.5克；含脂肪少，每百克仅含脂肪0.4克；含有丰富的卵磷脂；含胆固醇较少，每百克含胆固醇只有83毫克。由于兔肉含蛋白质较多，营养价值较高，含脂肪较少，是怕发福之人比较理想的肉食。四川人相对比较喜欢吃兔肉，很多川菜馆中有很多兔肉做成的美味佳肴。嗯，想起来就很诱人啊！

2. 牛肉。

牛肉的营养价值仅次于兔肉，也是适合怕发福的人食用的肉类。每百克牛肉含蛋白质20克以上，牛肉蛋白质所含的必需氨基酸较多，而且含脂肪和胆固醇较低，因此，特别适合胖人和高血压、血管硬化、冠心病和糖尿病病人适量食用。据说很多欧洲足球运动员就是靠吃牛肉来保持充沛的体力的。亚洲MM要想提高体能，一定得多吃牛肉。

3. 鱼肉。

一般畜肉的脂肪多为饱和脂肪酸，而鱼的脂肪却含有多种不饱和脂肪酸，具有很好的降胆固醇作用。所以，即使是胖 MM 吃鱼肉也怕。鱼肉既能避免肥胖，又能预防动脉硬化和冠心病的发生。对了，很多人都说吃鱼肉会变得很聪明，是不是这样呢？你试了就知道。

4. 鸡肉。

每百克鸡肉含蛋白质高达23. 3克，脂肪含量只有1. 2克，比其他畜肉低得多。所以，适当吃些鸡肉不但有益于人体健康，也不会引起肥胖。西方人也将鸡肉称之为白肉。白肉是西方人比较偏爱的肉食，看看肯德基和麦当劳里的肉类主要就是鸡肉，就知道西方人是多么青睐鸡肉咯。

5. 瘦猪肉。

瘦猪肉含蛋白质较高，每百克可高达29克，每百克脂肪含量为6克，但经煮炖后，脂肪含量还会降低，因此，也较适合胖人食用。

【懒美丽贴士】

女人最需要补充的元素——铁

铁是唯一一种女性需求量比男性大的营养物质，这个很多 MM 都没想到吧！遗憾的是，MM 饭量都比较小，而且常常害怕发胖长膘而不肯吃肉，所以贫血发生率远高于男性。比如蹲久了猛地站起来会觉得天昏地暗，莫名地特别怕冷，这都是贫血的症状。那个弱似杨柳拂风的林妹妹，美虽美兮，但天天要抱着药罐子，应该不符合现代健康美女的标准吧。